Geschenke verpacken

Geschenke verpacken

Über 50 klassische und originelle Ideen

Herausgegeben von Sylvia Winnewisser

Die Objekte stammen im Einzelnen von den folgenden Urheberinnen und Urhebern (Abbildungsnachweis in Klammern):
Packo Jansen: Fotos: Seite 8/9, 10 u., 15, 24, 25, 28, 35, 46, 50 o., 50 M., 55, 59, 66, 69, 70 u., 77 (Ramon Schicht-pool Gesellschaft für Werbefotographie, Griesheim); Seite 10 o., 18, 30 o., 30 M., 33, 37, 39, 40, 44, 48, 50 u., 52, 53, 57, 60, 62, 70 M., 75, 80, 82, 88, 89, 94, 103, 106, 107, 112, 114 o., 117 (Wolfgang Zöltsch, Griesheim); Zeichnungen: Seite 14, 15, 24, 25, 29, 34, 35, 47, 54, 55, 58, 67, 76, 77 (Thomas Müller, Göttingen); Seite 19, 32, 36, 37, 41, 44, 45, 49, 56, 57, 61, 63, 81, 83, 89, 95, 102, 113, 116, 117 (Daniela Schneider, Frankfurt)
Therese Mielhaht: Seite 10 M., 30 u., 43, 64, 65, 70 o., 73, 78, 79, 85, 87, 90, 93, 97, 99, 100, 101, 105, 109, 111, 114 M., 114 u., 119–128 (Therese Mielhaht)
Daniela Schneider: 12, 13, 16, 17, 21–23 (Michael Zorn, Wiesbaden)

Der Text dieses Buches entspricht den Regeln der neuen deutschen Rechtschreibung.

Fotos und Zeichnungen: siehe Urhebernachweis oben
Herstellung: Harald Kraft
Redaktion, Layout und Satz: FROMM MediaDesign GmbH, Selters/Ts.
Reproduktion: Lithotronic, Frankfurt

1096101X817 2635 4453 6271

04 03 02 01

Inhalt

Einleitung

Ein Geschenk überreicht man in der Regel mit einer Verpackung. Diese macht das Präsent zu einer Überraschung und je nach Ausführung wird sie für sich genommen noch einmal zu einem Geschenk: Die Schleife kann man ins Haar, die Zweige noch einige Tage in die Vase stecken, den Stoff verwendet man zum Beispiel für einen Kissenbezug.

Die Art der Verpackung kann ganz einfach ausfallen und sich auf ein schönes Geschenkpapier und ein schickes Band beschränken oder elegant daherkommen. Sie kann aber auch individuell auf die oder den Beschenkte(n) abgestimmt sein und eine Ergänzung des Geschenks darstellen. Sie kann das Geschenk verdecken oder offen zeigen und lediglich einen ausgefallenen Rahmen hergeben.

Für Umweltbewusste bieten sich ebenfalls verschiedene Verpackungsarten an: Ob Servietten, Filtertüten oder schlichte blaue Müllsäcke, Wellpappe oder ein edles Papier aus Maulbeerbaumrinde – für jeden Geschmack und jede Vorliebe ist etwas dabei.

Wer es eher witzig mag und den Beschenkten gern auf eine „falsche Spur" locken möchte, verpackt das eigentliche Geschenk nochmals in einem anderen. Da findet sich dann etwa ein Schmuckstück in einem Handtuch oder ein Briefbeschwerer in einer Obstkiste.

Schenkt man zu einem bestimmten Anlass wie Geburtstag, Hochzeit oder zur Genesung, kann man auch darauf in der Art der Verpackung eingehen.

Geschenke für Kinder werden sicher lieber lustig, bunt und mit hübschen Details verziert verpackt, die dann noch zum Spielen verwendet werden können.

Ein wesentlicher Blickfang eines Geschenks ist neben dem Verpackungsmaterial die Dekoration. Die Auswahl ist beachtlich: Verschiedene Schleifen, gefaltete Blüten, Geschenkanhänger oder Karten geben der Verpackung einen zusätzlichen „Kick".

Zu allen diesen Möglichkeiten finden Sie in diesem Buch reichlich Beispiele und Anregungen für Ihre individuellen Verpackungsideen. Lassen Sie sich inspirieren! Die Modelle sind einfach nachzuvollziehen, sodass Sie beim nächsten Anlass zum Verschenken schon mit einer originellen Verpackung aufwarten und der oder dem Beschenkten damit auch Ihre Wertschätzung oder Zuneigung zeigen können.

Viel Spaß beim Verpacken Ihrer Geschenke!

Sylvia Winnewisser

Die Materialien

Papier, Folien und Kartons: Im Handel ist eine große Auswahl an verschiedenen Geschenkpapieren, Präge-, Lack- und Metallicfolien, handgeschöpften und -marmorierten Papieren erhältlich: von bunt bis einfarbig mit den unterschiedlichsten Motiven darauf. Auch Klarsichtfolien, einfarbig, mit Aufdrucken oder verschiedenfarbig irisierend, kommen als Verhüllung eines Geschenks in Frage. Eine weitere Möglichkeit bieten Krepp- und Seidenpapier. Krepppapier lässt sich gut dehnen und so in jede Form bringen, Seidenpapier kann man knautschen. Einfache Papiere sind Tapetenreste oder braunes Packpapier; hier gibt die Dekoration den letzten Schliff.

Kartons, originell oder edel bedruckt, machen die Sache einfach: Geschenk hinein, Band drumherum, fertig. Für den kreativen Schenker gibt es jedoch die Möglichkeit, einen Schuhkarton oder einen anderen Verpackungskarton mit Klebefolie zu beziehen und so zu einer ganz individuellen Geschenkverpackung zu machen.

Stoffe: Stoffe sind eine sehr umweltfreundliche Art der Verpackung, denn sie können mehrfach verwendet werden. Glänzende Stoffe wie Seide, Ballonseide oder Taft wirken elegant, gröbere wie Leinen, Baumwolle oder Jute sind jedoch ebenso schön als Verpackung. Stoffe sollten vor dem Verwenden umsäumt werden, damit sie nicht ausfransen.

Accessoires: Die Auswahl an Accessoires in Hobby-, Schreibwaren- und Dekoläden ist riesig. Hier finden Sie neben einfachen Bändern aus den verschiedensten Materialien auch Federn, Zierblumen und -beeren, Sternchen, Flimmer, Konfetti, Aufkleber aller Art, Schirmchen, Lampions und vieles mehr. Doch auch hier sind Ihrer Fantasie keine Grenzen gesetzt. Als Dekoration eignen sich darüber hinaus Modeschmuck, Holzstäbchen, Autoaufkleber, Knöpfe, Briefmarken usw.

Werkzeug: Zum Anfertigen der individuellen Geschenkverpackung brauchen Sie natürlich auch ein wenig „Werkzeug".

Was Sie für die einzelnen Verpackungen noch benötigen, finden Sie in der jeweiligen Materialliste angegeben.

Standardmaterial

- Schere
- spitzer Bleistift
- Lineal
- einfaches Klebeband
- doppelseitiges Klebeband
- Klebestift/Kontaktkleber

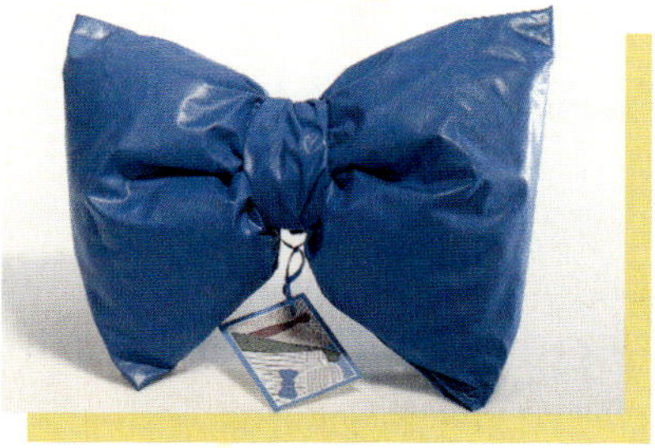

Preiswerte Verpackungen

Wer für eine Geschenkverpackung nicht viel Geld ausgeben will oder keine Zeit mehr hat zum aufwendigen Verpacken, braucht dennoch nicht auf ein hübsches Äußeres für sein Geschenk zu verzichten. Aus einfachen Haushaltsmaterialien lassen sich ebenso pfiffige Verpackungen herstellen wie mit teuren Geschenkpapieren. Filtertüten, Tapetenreste und Müllbeutel werden zweckentfremdet und siehe da ...

Neues aus Filtertüten und Servietten

Für kleinere Geschenke wie Parfümflaschen, Schreibutensilien, Gewürz- oder Pillendöschen und Ähnliches finden Sie in der Küche die einfachsten Verpackungen. Aus Servietten, Filtertüten und kleinen Papprollen wird ein hübscher Pilz für den Geschenketisch. Wenn mehrere Geschenke überreicht werden sollen, lässt sich schnell eine ganze Pilzlandschaft zusammenstellen, die auf einem Fotokarton befestigt wird.

MATERIAL
- Standardmaterial (siehe Seite 9)
- Papprollen (von Küchen- oder Toilettenpapier)
- verschiedenfarbige Servietten (für Servietten-Pilzhut und Morchel)
- braune und weiße Filtertüten (für den Pilz)
- Garn

Pilz

1. Stecken Sie das Geschenk in die Papprolle und wickeln Sie diese in eine Serviette ein. Kleben Sie den Rand fest.
2. Stecken Sie die überstehenden Enden oben und unten in den „Pilzstiel" und streichen Sie diesen an einer Innenseite mit Klebstoff ein.
3. Nehmen Sie die Filtertüte in die Hand, drücken diese zusammen und stecken Sie sie in die mit Klebstoff versehene Seite des Pilzstiels. Drücken Sie die Filtertüte sorgfältig an.

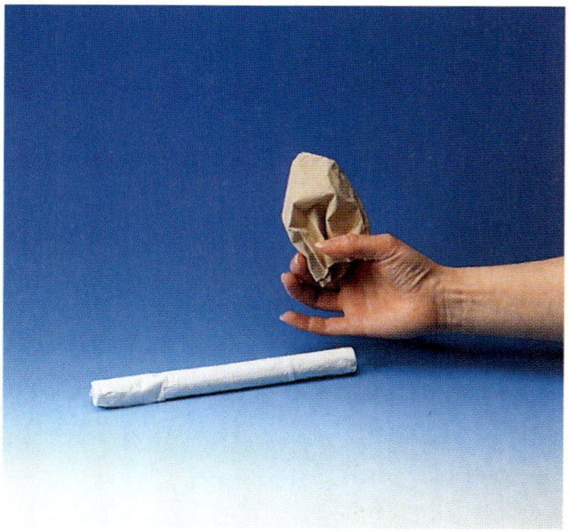

Servietten-Pilzhut

1. Soll der Pilzhut aus einer Serviette gefertigt werden, führen Sie die Schritte 1 und 2 der Anleitung „Pilz“ durch.
2. Führen Sie nun die vier Ecken einer Serviette zusammen und binden Sie diese unten zusammen.
3. Streichen Sie den Innenrand des Pilzstiels mit Klebstoff ein und kleben Sie den zusammengeklebten Teil des Serviettenhutes dort fest.

Morchel

1. Legen Sie zwei Servietten aufeinander.
2. Legen Sie das Geschenk auf eine der Kanten der Servietten.
3. Rollen Sie die Servietten fest zusammen und verkleben Sie den Rand.
4. Wenden Sie eine Filtertüte (Schweißnaht nach innen) und drücken die offene Seite zusammen.
5. Kleben Sie abschließend den Filtertütenkopf auf dem „Morchelstiel“ fest.

Flaschenpost in Stoff

Flaschen zu verpacken lässt meist für Variationen wenig Spielraum. Originell ist dagegen die „stoffliche“ Verpackung von zwei Flaschen. Zur Einweihung einer neuen Wohnung oder aber als Geschenk für ein junges Pärchen ist diese Verpackung preiswert und praktisch, denn sie kann sicher noch als Tischdecke verwendet werden, wenn die Flaschen schon längst leer sind.

MATERIAL

- Standardmaterial (siehe Seite 9)
- 2 Flaschen
- 1 Stück Stoff nach Wahl, 110 x 60 cm

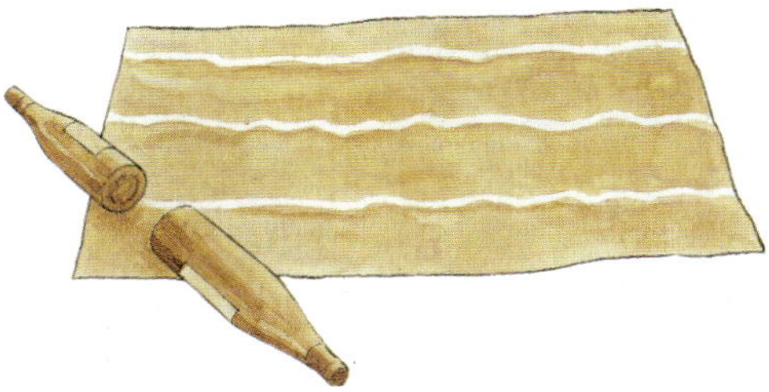

1. Legen Sie beide Flaschen in einem Abstand von 10 bis 15 cm schräg auf eine Stoffecke – die Flaschenböden sollen zueinander zeigen.

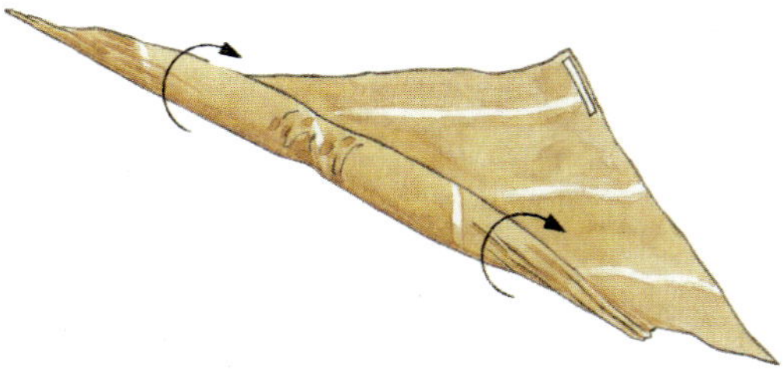

2. Nun halten Sie beide Flaschen fest und rollen sie bis kurz vor die gegenüberliegende Stoffecke ein. Diese Stoffecke fixieren Sie mit Klebeband.

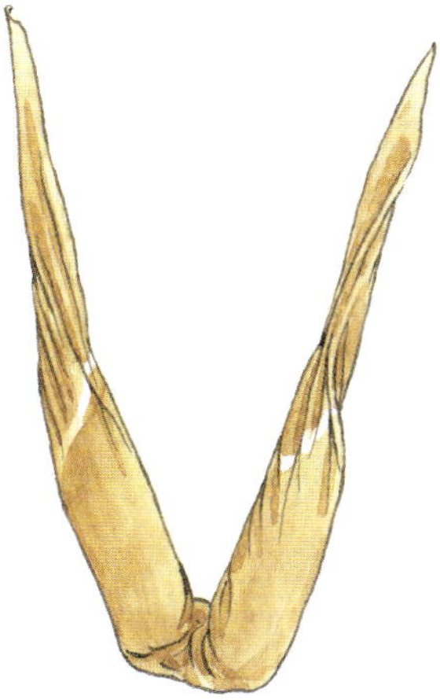

3. Die verschlossene Verpackung sieht dann so aus.

4. Die Stoffenden binden Sie danach mit einem Doppelknoten zusammen, sodass ein richtiger Tragegriff entsteht.

Vom Müllsack zum Geschenkbeutel

Ein Müllsack oder eine Mülltüte findet sich in jedem Haushalt. Wenn es einmal schnell gehen muss mit der Geschenkverpackung oder das Geld ausgegangen ist, warum nicht eine Mülltüte als Verpackung verwenden. Besonders für rechteckige Geschenke wie Taschen oder Koffer ist diese Verpackung gut geeignet. Das Ergebnis ist durchaus sehenswert.

MATERIAL

- Standardmaterial (siehe Seite 9)
- Müllsack oder Mülltüte
- Zwirn oder Schnur
- bunte Papierreste
- Schreibmaschinenpapier

1. Das Geschenk so in den Müllsack oder -beutel stellen, dass die Leerräume an beiden Seiten gleich groß sind.

2. Nun falten Sie den Sack von oben her zu einer Ziehharmonika.

3. Wenn Sie am oberen Geschenkrand angekommen sind, durchstechen Sie den Müllsack, ziehen den Zwirn hindurch und verknoten ihn oberhalb der Ziehharmonika.

4. Die Zwischenräume an der rechten und linken Seite des Müllsacks befestigen Sie sorgfältig mit Klebestreifen am Geschenk und formen sie oben zu einer Rosette.

5. Anschließend verzieren Sie den Sack mit bunten Papierresten, die Sie zusammenrollen, oder aber mit verschiedenen geometrischen Formen aus weißem Schreibmaschinenpapier.

Pulloverschleife

Ein selbst gestrickter Pullover ist ein sehr individuelles Geschenk – und noch liebevoller wird die Geste mit einer außergewöhnlichen Verpackung. Die hier vorgestellte Anregung ist ein eindrucksvolles Beispiel dafür, wie sich ein Pullover schnell in ein buntes Schleifenkissen verwandeln lässt.

MATERIAL

- Standardmaterial (siehe Seite 9)
- 1 Pullover
- 1 Stück Stoff, 75 x 100 cm
- Stoffstreifen, 25 x 50 cm
- Garn
- Geschenkanhänger

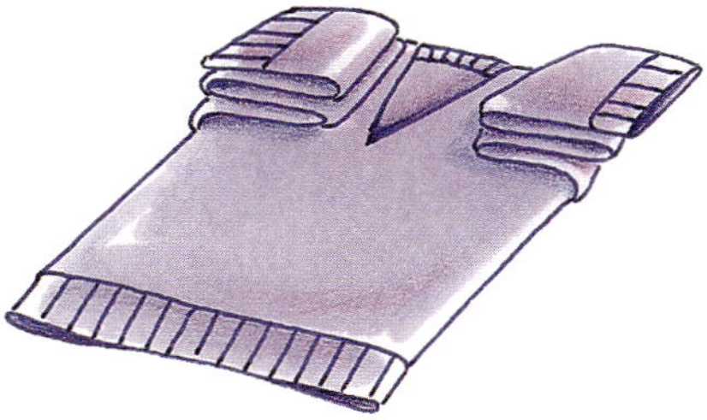

1. Breiten Sie den Pullover flach aus und falten Sie ihn auf eine Breite von 40 cm zusammen. Legen Sie die Ärmel im Zickzack darüber.

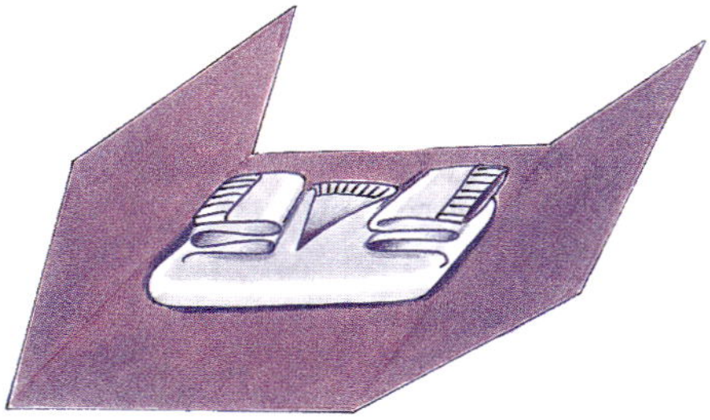

2. Legen Sie nun den Pullover auf 25 cm zusammen, platzieren ihn auf dem Stoff und ziehen diesen erst von links, dann von rechts über den Pullover.

3. Falten Sie den unten und oben überstehenden Stoff über den Pullover, sodass ein Paket entsteht.

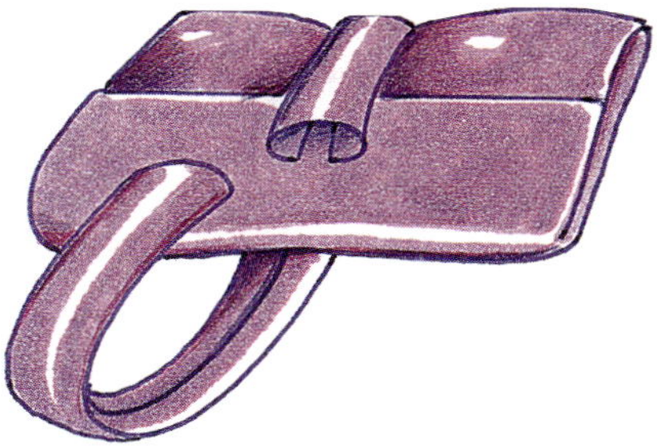

4. Falten Sie den Stoffstreifen schmal zusammen und binden ihn straff um die Mitte des Pakets. Legen Sie die Stoffenden übereinander und verknoten Sie diese mit Garn. Abschließend befestigen Sie daran einen Geschenkanhänger.

Glänzend verpackt mit Alufolie

Aluminium ist ein wertvoller Rohstoff, daher ist es in großen Mengen als Verpackungsmaterial nicht sinnvoll. Für Kleinigkeiten und Flaschen ist Aluminiumfolie jedoch eine glänzende Verpackung, die darüber hinaus auch mehrmals verwendet werden kann.

MATERIAL

- Standardmaterial (siehe Seite 9)
- Papprollen (je nach Größe des Geschenks) oder kleine Schachteln
- Aluminiumfolie
- Schaschlikspieße, Zahnstocher
- Spaghetti

Knallbonbon

1. Stecken Sie das Geschenk in eine passende Papprolle.
2. Wickeln Sie diese so in Alufolie ein, dass rechts und links einige Zentimeter Folie überstehen.
3. Nun drehen Sie jedes Ende einmal um sich selbst.

Hohe Verpackung

1. Bei einer runden hohen Aluverpackung (Flaschenkarton) den unteren Folienrand nach innen schieben, den oberen einmal um sich selbst drehen.
2. Am oberen Rand schmale Streifen einreißen und nach Belieben umeinander drehen. Als Dekoration Spaghetti hineinstecken.

Alupäckchen

1. Legen Sie ein eckiges Geschenk, das beispielsweise in einem Karton oder in einer Schachtel verpackt ist, auf ein Stück Alufolie, das dreimal so lang und breit ist wie der Karton.
2. Ziehen Sie die Folie an den Ecken über den Karton und verdrehen Sie sie einmal.
3. Dekorieren Sie nach Belieben mit Holzstäbchen.

Windiges Vergnügen

Wenn es draußen stürmisch ist, können Sie mit diesen windigen Gesellen aus Plastiktüten sicher so manchem eine Freude machen. Sie verschönern so feine Sachen wie Handschuhe, Schal, Tuch oder etwas „Warmes“ zum Trinken. Der Wind ist bereits in der Tüte drin.

MATERIAL

- Standardmaterial (siehe Seite 9)
- 1 durchsichtige Mülltüte
- schwarzer Filzstift
- eventuell Zeitungspapier zum Ausstopfen der Handschuhe
- Gummiring

1. Blasen Sie eine durchsichtige Mülltüte auf und verknoten Sie die Enden. Pressen Sie knapp oberhalb des Knotens die Nase heraus und umwickeln Sie sie mit Klebeband.

2. Malen Sie mit dem Filzstift die Augenstriche als schwarze Balken in je eine Falte der Tüte auf.

3. Stülpen Sie die Tüte nun über den Flaschenhals und umwickeln Sie beides mit Klebeband.

4. Die Handschuhe mit Papier ausstopfen und mit einem Gummiring am Flaschenhals befestigen, bevor Sie die Tüte ankleben. Schal oder Tuch werden wie auf dem Foto gezeigt befestigt.

Einfach gewellt

Um einen langen oder spitzen Gegenstand mit einfachen Mitteln zu verpacken, eignet sich Wellpappe hervorragend. Mit einer bunten Dekoration kann man die Verpackung zusätzlich aufwerten.

MATERIAL

- Standardmaterial (siehe Seite 9)
- 1 Stück Wellpappe (einseitig mit Papier beklebt) für das Grundteil, 80 x 30 cm
- 2 Streifen Wellpappe (beklebt), je 2,50 m lang, 4 cm breit – eventuell in mehreren Stücken – für die Seitenteile
- blaugrünes Papierband, 70 cm lang, 9 cm breit
- lila Papierband, 40 cm lang, 9 cm breit
- Kringelband

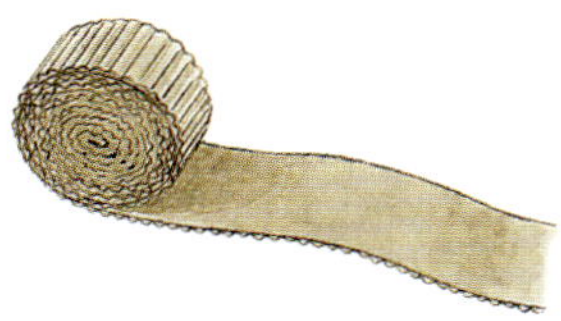

1. Die glatte Seite der Wellpappestreifen mit Klebstoff bestreichen und jeweils zu einer Rolle aufwickeln.

2. Die Wellpappe für das Grundteil mit den glatten Seiten aufeinander kleben, sodass es beidseitig gewellt ist.

3. Die beiden Rollen mit Klebstoff bestreichen und nahe an einem Ende des Grundteils befestigen.

4. Das Geschenk hineinlegen, die Verpackung bis zum anderen Ende zusammenrollen und mit Klebstoff verschließen.

5. Das blaugrüne Papierband um die Rolle legen und in der Mitte mit Kringelband verknoten. Das Ende nicht abschneiden!

6. Das lila Band unter dem grünen hindurchschieben, die Enden in der Mitte übereinander legen und mit dem Kringelband verknoten.

7. Nun die Enden des blaugrünen Bandes zur Mitte umschlagen und mit dem Kringelband verknoten. Überstehende Enden abschneiden.

Was vom Umzug übrig blieb

Umzugspäckchen

Material
- Standardmaterial (siehe Seite 9)
- Packpapier, 50 x 20 cm
- Wasserfarben
- Silberglimmer
- weiße Kordel
- Deko-Marienkäfer

1. Das Packpapier an der unteren Längskante und an der rechten Schmalseite circa 1 cm umschlagen.
2. Das Papier in der Mitte falten und an den unteren und seitlichen Innenkanten zu einem oben offenen Päckchen zusammenkleben. An beiden Seiten das Papier oben circa 2 cm einschneiden und nach innen knicken.
3. Das Päckchen mit Wasserfarben bemalen, trocknen lassen und dann mit Kontaktkleber einige Linien ziehen. Darauf Silberglimmer streuen, trocknen lassen und den übrigen Glimmer abschütteln.
4. Nun die Geschenke sowie einige Pinsel, Zollstock und sonstiges Malerzubehör in das Päckchen stecken und es mit der Kordel verschließen. Zum Schluss den Marienkäfer an der Kordel befestigen.

Pinselpäckchen

Material
- Standardmaterial (siehe Seite 9)
- Tapetenrest
- Wasserfarben
- Malerpinsel
- weiße Sternchen
- Silberflimmer
- Klarsichtfolie

1. Das Geschenk in den Tapetenrest einwickeln.
2. Mit Wasserfarben und Pinsel auf die vordere obere Seite einen breiten gelben und roten Strich ziehen. Den Pinsel einfärben und auf die Tapete legen.
3. Das Päckchen mit Sternchen und Silberflimmer bestreuen und alles trocknen lassen.
4. Zuletzt die Verpackung mit Klarsichtfolie umwickeln.

Eine originelle und äußerst preiswerte Idee ist es,
Geschenke in Tapetenreste oder einfaches Packpapier einzuwickeln.
In jedem Fall wird diese Geschenkverpackung für Aufsehen sorgen

Einfach und schlicht

Diese Geschenkverpackung besticht durch ihre Schlichtheit und ist am besten für Menschen geeignet, die Untertreibungen lieben. Ein einfacher Pappkarton wird mit weicher Strohseide verpackt. Der Inhalt mag ebenso schlicht sein wie hier die Vase.

Material

- Standardmaterial (siehe Seite 9)
- 1 gebrauchter Pappkarton mit Deckel, z. B. 20 x 20 x 20 cm
- 2 Bogen verschiedenfarbiges, weiches Geschenkpapier, z. B. Strohseide, je 70 x 70 cm

Wenn Sie Zerbrechliches verschenken, ist die weiche, flauschige Verpackung als Schutz wichtig

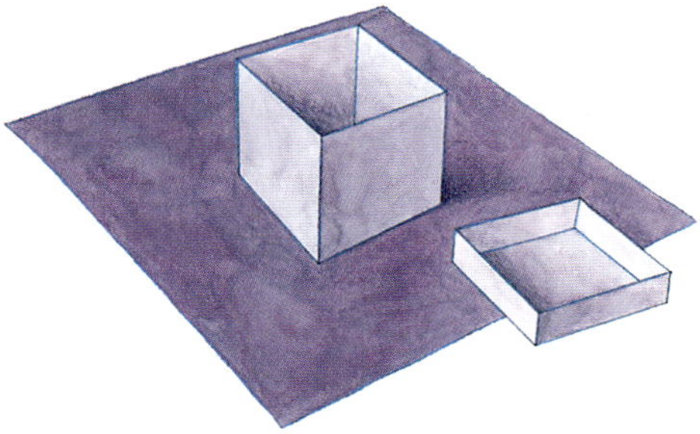

1. Stellen Sie den geöffneten Karton mitten auf das Papier.

2. Schlagen Sie das Papier locker und lose nach innen ein. So haben Sie im Karton aursreichend weiches Material, um nun ein kleineres oder größeres Geschenk – gut gepolstert – hineinlegen zu können.

3. Genauso beziehen Sie den Kartondeckel und setzen ihn auf das Unterteil.

Edle Verpackungen

Edle Geschenke benötigen eine ebensolche Verpackung. Doch auch wenn es ein eher einfaches Geschenk wie eine Flasche Wein, eine Schachtel Pralinen oder eine Krawatte ist, eine aufwendige und edle Verpackung lässt dies schnell vergessen. Edel glänzendes Papier, festlich geformte Figuren oder ein elegantes Gesteck sind dann für sich genommen schon ein Geschenk.

Wertvoller Kelch

Mit dieser Verpackung können Sie richtig Eindruck machen. Auch wenn es nur eine einfache Flaschenverpackung ist, nach der Verwandlung in einen Kelch, geschmückt mit Rosen, sieht sie so edel aus, dass sie sehr gut auch als Dekoration auf dem Regal stehen kann.
In dem hier dargestellten Fall dient sie allerdings als „offene" Verpackung für eine Brosche.

MATERIAL

- Standardmaterial (siehe Seite 9)
- dehnbarer Flaschentransportschutz (aus dem Weinladen)
- Kringelband
- für die Rose: Band, 1 m lang, 10 cm breit (Anleitung siehe Seite 116)
- Tüll, 15 bis 20 cm lang, 7 cm breit
- Seidenpapier oder -tuch

1. Dehnen Sie den unteren Rand des Transportschutzes so weit, dass eine Standfläche daraus entsteht.

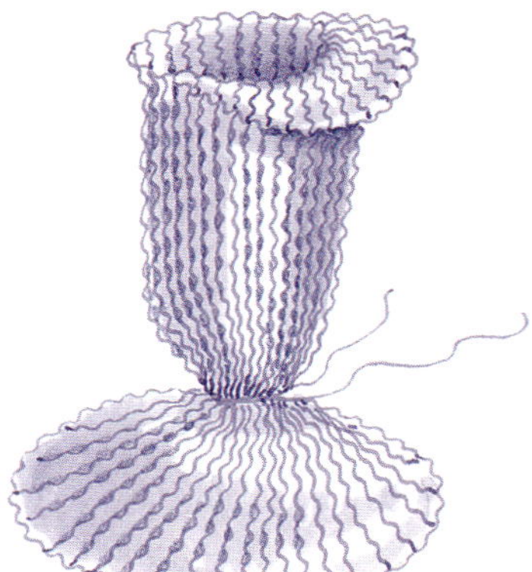

2. Binden Sie die Standfläche mit Kringelband ab und knoten Sie die Bandrose und den Tüll ein.

3. Stülpen Sie nun den oberen Rand um, legen Sie das Seidenpapier oder das Seidentuch so in den Kelch, dass Sie die Brosche dekorativ darauf befestigen können.

Tipp

Natürlich können Sie statt einer Brosche auch eine Halskette, ein Armband oder ein anderes Schmuckstück befestigen. Dazu nehmen Sie eine Steck- oder eine Sicherheitsnadel.

Eine Schmuckkiste

Zum Verschenken von Schmuck oder anderen Kleinodien muss es nicht immer eine kleine Schmuckschachtel sein. Packen Sie doch mal eine „Mogelpackung“ und legen Sie den Schmuck in einen wesentlich größeren Karton: entweder in einen bereits bedruckten Geschenkkarton oder einen, den Sie selbst mit Papier bezogen haben. Das Besondere an dieser Verpackung sind die Gucklöcher.

MATERIAL
- Standardmaterial (siehe Seite 9)
- Geschenkkarton, bedruckt oder mit bunt bedrucktem Packpapier bezogen, 25 x 28 x 8 cm
- 1 Bogen Seidenpapier, 50 x 70 cm
- Papierkordel, 50 cm
- 1 Bogen Strohseide, 50 x 70 cm
- 1 Streifen bedrucktes Packpapier, 65 x 20 cm

1. In eine der Schmalseiten des Kartons ein 3 x 2 cm großes Gucklock und in den Kartondeckel am Rand, parallel zu der gegenüberliegenden Schmalseite, einen Lichtschlitz von 15 x 2 cm Größe schneiden.

2. Kartonunterteil mit Seidenpapier auslegen und es am oberen Rand mit doppelseitigem Klebeband befestigen. Papierkordel an einem Ende einige Zentimeter aufdrehen, auffächern und den Schmuck daran befestigen. Die Kordel an der dem Guckloch gegenüberliegenden Seite im Inneren festkleben. Deckel so aufsetzen, dass sich der Lichtschlitz oberhalb des Schmucks befindet.

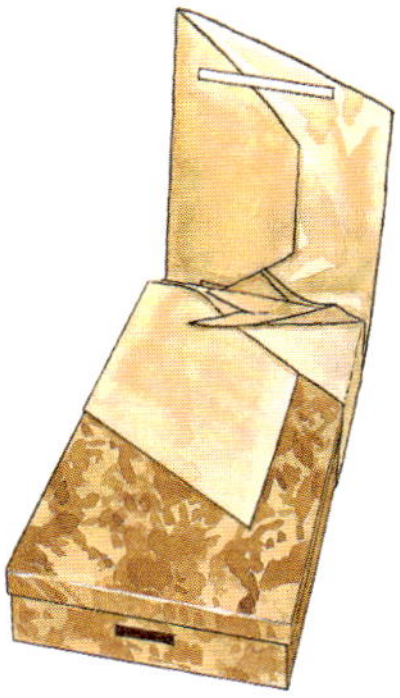

3. Die Strohseide schräg über den Lichtschlitz und über etwa die Hälfte der Deckellänge legen und die Längsseiten des Papiers unter den Karton ziehen. Das Papier sowie den überstehenden Strohseidenrand unter dem Karton mit doppelseitigem Klebeband befestigen.

4. Den Packpapierstreifen so lange knüllen, bis er viele kleine Falten hat und sich so weich wie Stoff oder Leder anfühlt. Den Streifen etwas glatt streichen und im Anschluss daran die Längsseiten der Strohseide wenige Zentimeter nach innen einschlagen.

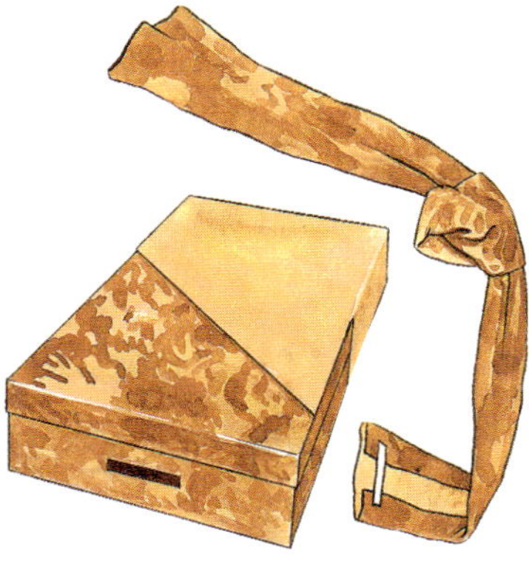

5. Einen Knoten in den Streifen machen und ihn dann entlang der Schräge der Strohseide um den Karton herumlegen. Die Papierenden mit doppelseitigem Klebeband aufeinander fixieren.

Süße Überraschung

Material für eine Schachtel 35 x 35 cm:

- Standardmaterial (siehe Seite 9)
- Geschenkpapier, 70 x 100 cm
- Taftband, 1,80 m lang, 10 cm breit
- Kringelband, 60 cm
- Tüll, 1 m lang, 15 cm breit

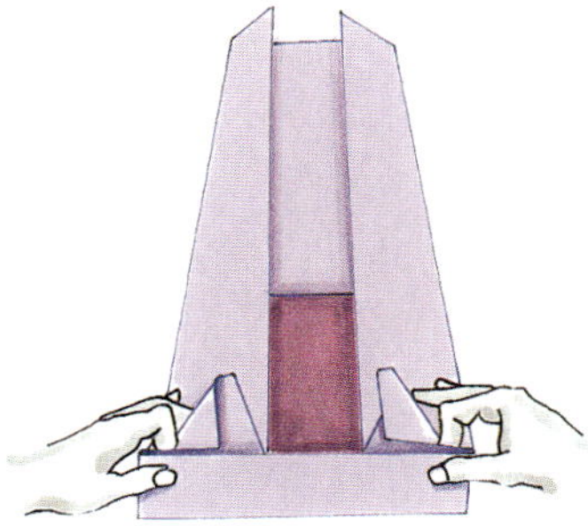

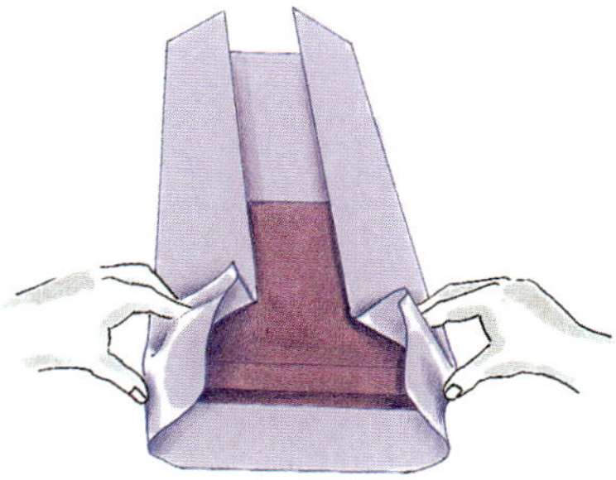

1. Legen Sie die Schachtel vorn auf das Papier und falten Sie die Längsseiten straff über den Karton. Drücken Sie das Papier an den Schachtelecken ein. Ziehen Sie das Papier so hoch, dass die Kanten parallel zu denen der Schachtel liegen. Dann straffen Sie es an den Seiten, damit es bündig mit dem Schachtelkarton abschließt.

2. Falten Sie das Papier über den Schachtelrand – links und rechts entsteht je ein Papierdreieck – und fixieren Sie es auf beiden Rändern mit einfachem Klebeband. Drücken Sie das Papier an den hinteren Schachtelecken nach innen, sodass auch dort Dreiecke entstehen.

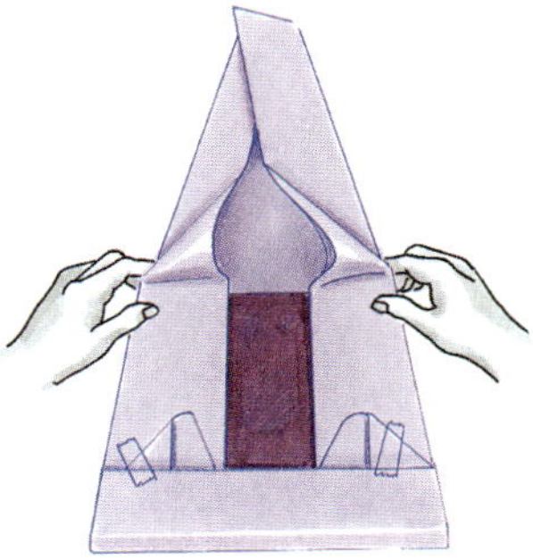

3. Ziehen Sie den hinteren Papierteil langsam nach oben, und die Dreiecke legen sich wie von selbst auf die Seitenränder.

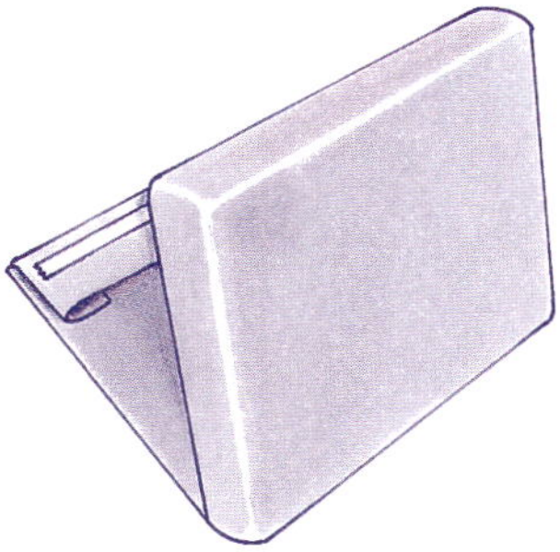

4. Am oberen Rand des Pakets falten Sie das Papier 1 cm nach innen und befestigen darauf doppelseitiges Klebeband. Nun schließen Sie die Verpackung.

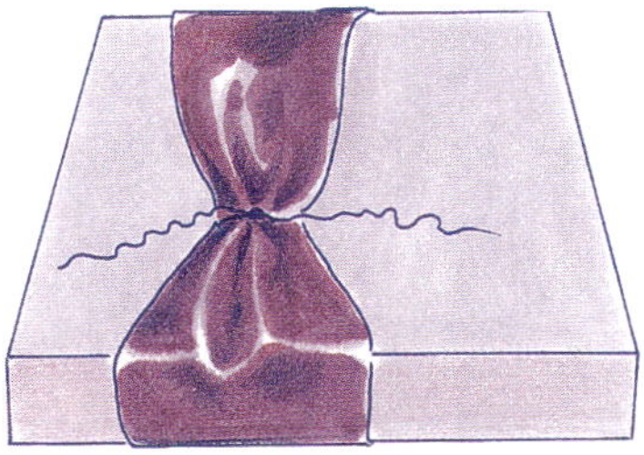

5. Legen Sie das Taftband so um die Schachtel, dass seine Enden etwa 8 cm übereinander liegen, und verknoten Sie sie mit Kringelband.

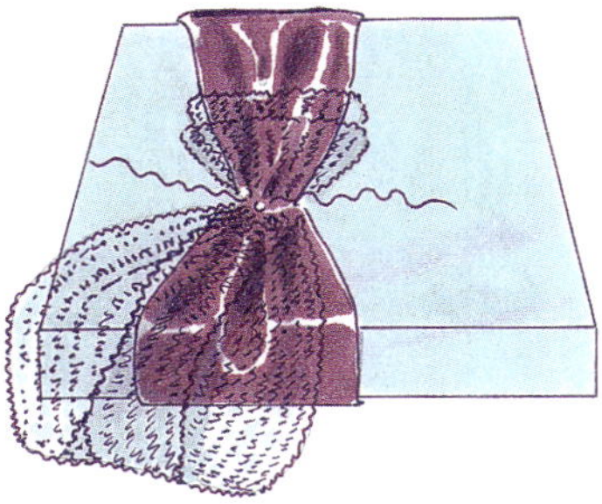

6. Legen Sie den Tüll auf halber Länge zusammen und binden Sie zunächst das eine Ende ein. Das andere Tüllende fügen Sie so ein, dass eine eindrucksvolle „Tüllwolke“ entsteht.

Hier wird „nur“ eine Schachtel Pralinen verpackt. Genausogut können Sie ein Buch oder einen anderen flachen, eckigen Gegenstand verpacken

Grüne Päckchen mit und ohne

Grünes Konfettibonbon

Material
- Standardmaterial (siehe Seite 9)
- 1 Bogen grüne Metallicfolie
- goldenes Geschenkband
- Glitzertüll
- goldenes Lochband
- Klarsichtfolie
- Konfetti

1. Das Päckchen in grüne Metallicfolie einwickeln und mit dem Geschenkband verschnüren.
2. Dann ein Reststück Glitzertüll in der Mitte mit den losen Bandenden des Geschenkbandes zusammenbinden. Einen Lochbandrest unter den Knoten schieben.
3. Nun die Verpackung in Klarsichtfolie wickeln und eine Seite mit Geschenkband abbinden.
4. Zum Schluss eine Hand voll Konfetti in die Folienhülle füllen und die offene Seite ebenfalls mit Geschenkband verschließen. Das Band mit der Schere kräuseln.

Grünes Päckchen

Material
- Standardmaterial (siehe Seite 9)
- 1 Bogen grüne Metallicfolie
- goldenes Geschenkband
- silberner Glitzertüll
- goldenes Lochband

1. Das Geschenk in grüne Metallicfolie einwickeln und mit goldenem Geschenkband verschnüren.
2. Dann je ein Reststück Glitzertüll und Lochband übereinander legen und in der Mitte mit den losen Bandenden des Geschenkbandes zusammenbinden.
3. Die Bandenden mit einer Schere vorsichtig kräuseln.

Die Verpackungen aus Metallicfolie sind schnell hergestellt. Sie sehen edel aus und machen neugierig auf ihren Inhalt. Das können zum Beispiel kleine Mitbringsel zur Party sein. Das „Konfettibonbon“ hat es buchstäblich in sich

Abendtasche, halb versteckt

Diese wertvolle, mit Perlen bestickte Abendtasche ist eigentlich gar nicht verpackt, sie ist lediglich in einen auffallenden und eleganten Rahmen gesteckt worden. Der allerdings ist selbst gemacht.

MATERIAL

- Standardmaterial (siehe Seite 9)
- 1 Abendtasche
- feste Pappe, 40 x 50 cm
- Lackpapier, 70 x 100 cm
- Folienband, 60 cm lang, 7 cm breit
- für die Rosen:
  Band, je Rose 1 m lang, 10 cm breit
  (Anleitung siehe Seite 116)
- Kringelband

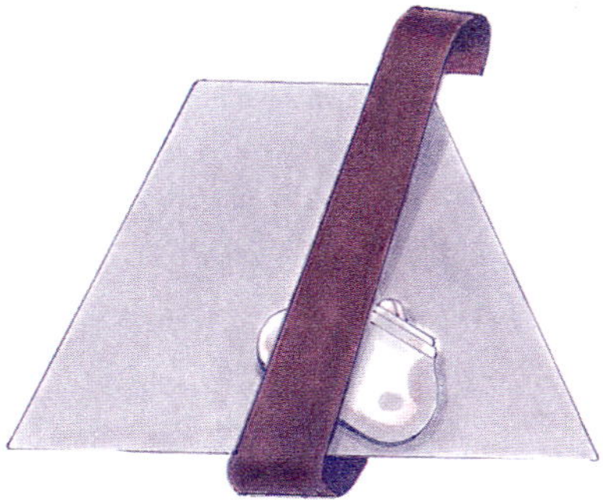

1. Schneiden Sie die Pappe gemäß der Abbildung zu und beziehen Sie sie mit Lackpapier. Legen Sie die Tasche auf die Pappe und darüber den Folienstreifen.

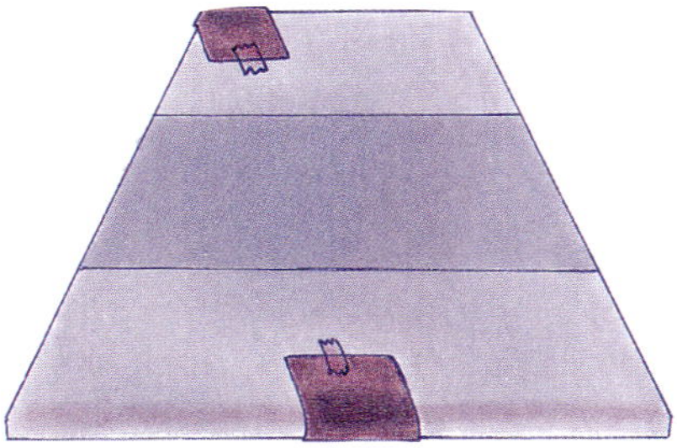

2. Fixieren Sie die Folienenden auf der Unterseite der Pappe mit doppelseitigem Klebeband.

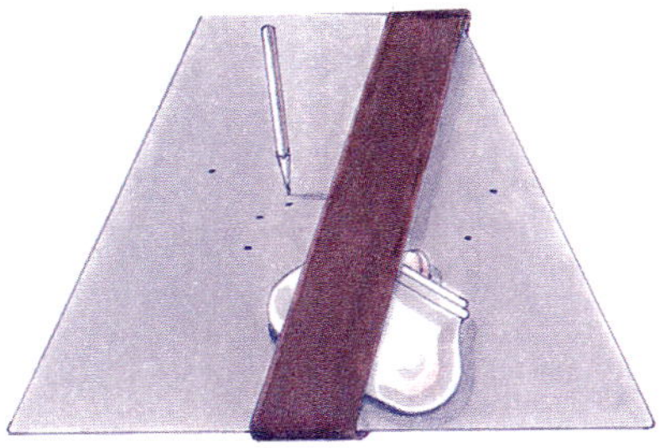

3. Stellen Sie die Rosen her. Stechen Sie mit einem Bleistift Löcher in die Pappe und befestigen Sie die Rosen, indem Sie das Kringelband hindurchziehen und an der Rückseite verknoten.

Rosengruß zum Fest

Material
- Standardmaterial (siehe Seite 9)
- 1 Bogen schwarzes Geschenkpapier
- 1 weiße Tortenspitze
- Goldlack
- Klebefolie mit Goldflimmer
- 1 Streifen irisierende Klarsichtfolie, 50 cm lang, ca. 5 cm breit
- Tacker
- 1 getrocknete Rose

1. Wickeln Sie das Geschenk in das schwarze Papier ein.

2. Klappen Sie die Tortenspitze in der Mitte zusammen, schneiden Sie sie entlang des Knicks auseinander und besprühen eine Hälfte mit Goldlack.

3. Schneiden Sie aus der goldenen Klebefolie 12 bis 16 Dreiecke aus und befestigen Sie diese auf der Verpackung.

4. Gestalten Sie aus der Klarsichtfolie eine Rose: Zunächst ein Ende des Streifens einrollen. Dann den restlichen Streifen an der unteren Längskante mit der rechten Hand fassen und mit der linken in engen Windungen um die Rolle führen. Nach der ersten Windung festtackern. Nach der nächsten Windung die Folie einmal wenden und gegen die bisherige Laufrichtung weiter führen.

5. Nach jeder weiteren Runde die Folie unten zusammentackern. Die obere Kante beim Wickeln nach innen bzw. außen schlagen. Nach fünf bis sieben Runden ist die Rosenform erreicht. Das lange Streifenende abschneiden.

6. Stecken Sie die getrocknete Rose in die Mitte der Folienrose und befestigen Sie das Ganze mit doppelseitigem Klebeband auf dem Paket.

Zu einer festlichen Gelegenheit soll es sicher ein besonderes Geschenk mit einer ebenso besonderen Verpackung sein – golden glitzernd und mit einer echten Rose geschmückt

Flasche mit Fliege

Diese Flasche kommt ganz festlich daher, in schillernder Verpackung, geschmückt mit einer eigens dafür gefertigten Smokingfliege

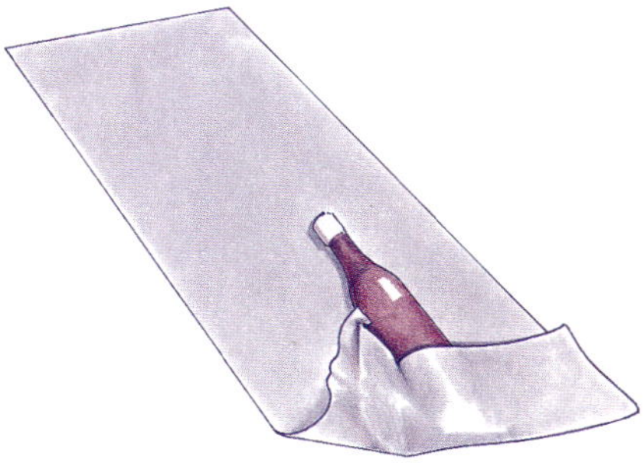

1. Legen Sie die Flasche längs auf die Folie und ziehen Sie den unteren Rand etwa 5 cm über die Flasche. Knicken Sie den linken unteren Folienrand zur Flasche hin.

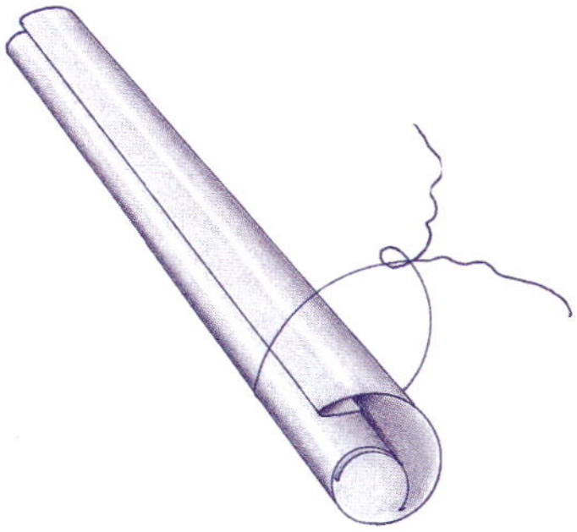

2. Rollen Sie die Flasche von links nach rechts bis kurz vor das Ende der rechten Längsseite ein. Nun knicken Sie den rechten Rand etwa 1 cm nach innen und verschließen die Verpackung am Flaschenfuß mit Kringelband.

Material

- Standardmaterial (siehe Seite 9)
- 1 Flasche
- für eine Weinflasche: Folie (Farbe nach Geschmack), 30 x 120 cm
- Kringelband
- für die Fliege: Folie, 20 x 40 cm

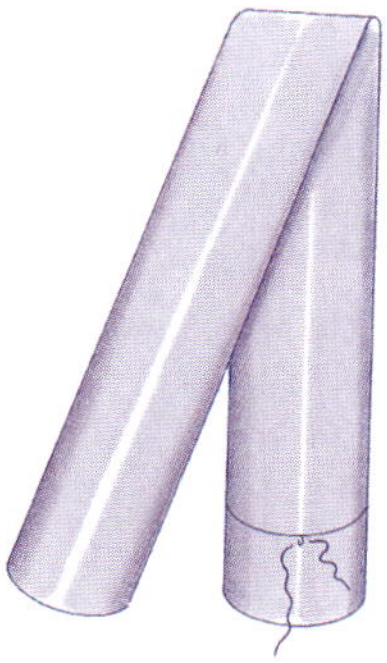

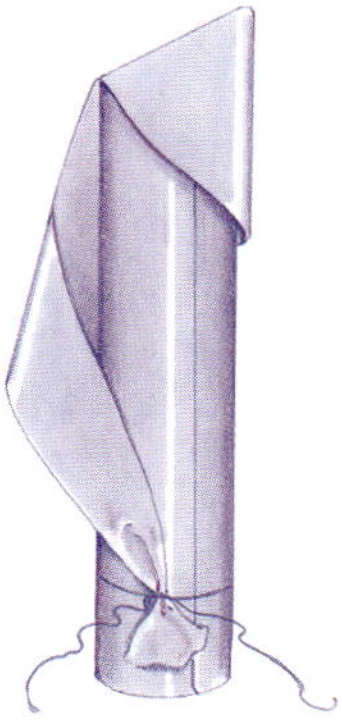

3. Stellen Sie die Flasche aufrecht hin und falten Sie den langen Folienschlauch schräg nach unten um die Flasche.

4. Knoten Sie dann das Ende mit dem Kringelband am Flaschenfuß zusammen.

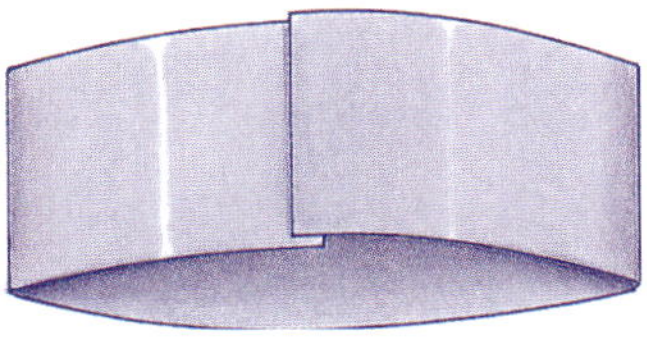

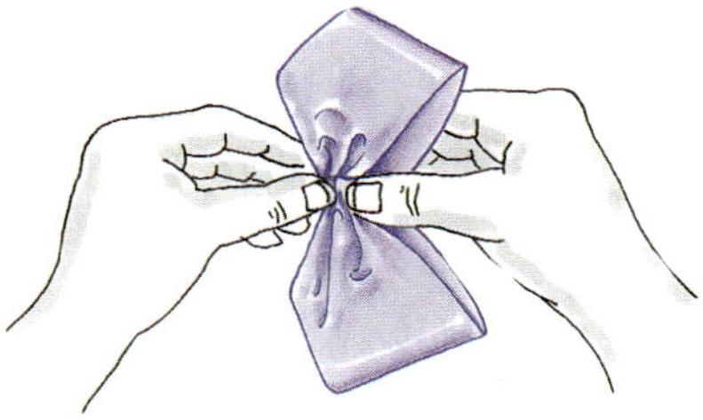

5. Für die Smokingfliege falzen Sie die beiden Folienenden derart, dass sie in der Mitte ein Stück übereinander liegen.

6. Raffen Sie die Fliege zusammen und binden Sie sie mit Kringelband am Fuß der Flasche fest.

Handtasche

Wie überreicht man eine Handtasche am besten? Dieses Geschenk für Freundin oder Ehefrau braucht selbstverständlich eine angemessene Verpackung. Wie wäre es mit etwas Natürlichem – Maulbeerbaumrindenpapier? Durch die marmorierte Struktur wirkt es sehr edel.

Material

- Standardmaterial (siehe Seite 9)
- 1 Handtasche
- 1 Bogen Maulbeerbaumrindenpapier, 60 x 90 cm
- 1 Streifen Maulbeerbaumrindenpapier, 65 x 15 cm

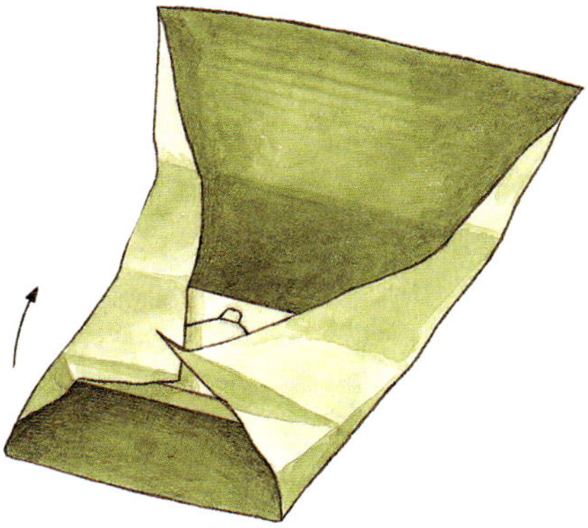

1. Legen Sie die Tasche, wie auf der Abbildung gezeigt, vorn auf das Papier. Die Längsseiten so nach innen einschlagen, dass sie sich vorn mit den Spitzen berühren und nach hinten breiter auslaufen.

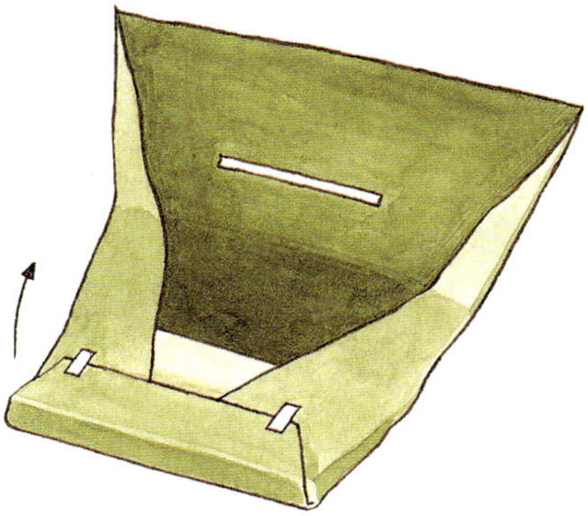

2. Ziehen Sie den vorderen Papierrand ein Stück weit über das Geschenk und befestigen Sie ihn auf den Längsseiten mit Klebeband. Bringen Sie auf der Papierinnenseite einen Streifen doppelseitiges Klebeband an.

3. Kippen Sie die Tasche jetzt einmal nach hinten auf das Papier, wickeln Sie das lang überstehende Papierende nach außen bis zum doppelseitigen Klebeband zu einer Rolle und fixieren Sie diese auf der Oberseite der Verpackung.

4. Falten Sie den Papierstreifen an den Längsseiten wenige Zentimeter nach innen und legen Sie ihn einmal um die Verpackung herum. Dort verschließen Sie die Papierenden mit doppelseitigem Klebeband.

Chinesische Standvase

Eine chinesische Emaillevase verschenkt man nicht alle Tage. Entsprechend ausgefallen sollte auch die Verpackung sein. Hier verdeckt sie die Vase nicht, sondern bildet mit ihr zusammen ein kleines asiatisches Kunstwerk

MATERIAL

- Standardmaterial (siehe Seite 9)
- 1 chinesische Emaillevase
- 2 gleich große, quadratische, flache Schachteln
- schwarzes Kringelband
- beidseitig schwarzes Geschenkpapier, 20 x 30 cm
- Band, 50 cm lang, 10 cm breit

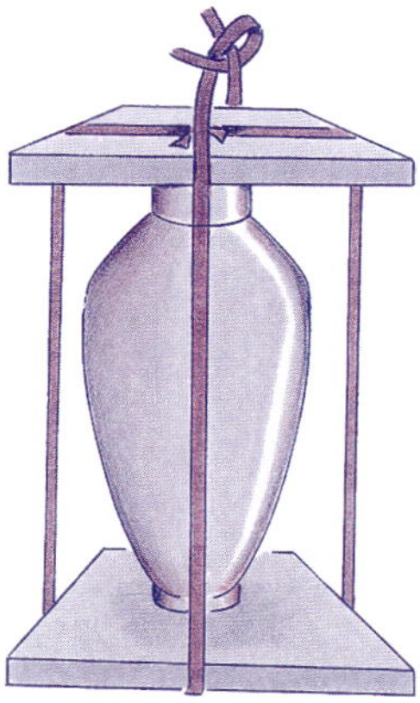

1. Stellen Sie die Vase auf eine der Schachteln wie auf ein Podest, die andere Schachtel legen Sie oben auf die Vase. Binden Sie diesen Aufbau wie auf der Zeichnung mit Kringelband zusammen und verknoten es gut auf der oberen Schachtel, damit nichts verrutscht.

2. Für den Fächer falten Sie das Papier mit so genannten Ziehharmonikaknicken.

3. Schieben Sie das gefaltete Papier unter das Kringelband. Die Papierenden dabei so hoch nehmen, dass ein Fächer entsteht. Befestigen Sie die inneren Falten mit doppelseitigem Klebeband.
Bringen Sie vor dem Fächer eine gelegte Schleife an: Dazu legen Sie die beiden Enden des Bandes über Kreuz, raffen das Band in der Mitte zusammen und knoten die so entstandene Schleife mit Kringelband zusammen.
Befestigen Sie die Schleife am Kringelband der Verpackung.

GREATEST ORIGINAL
REGGAE HITS

Individuelle Verpackungen

Die schönsten Verpackungen sind diejenigen, die ganz individuell auf die Vorlieben der oder des zu Beschenkenden abgestimmt sind. Handelt es sich um einen Kunstfreund, einen Antiquitätensammler oder eine Musikliebhaberin? Durch kaum etwas anderes kann man seine Aufmerksamkeit besser ausdrücken, als wenn man mit einem Geschenk zu verstehen gibt: „Du bist mir wichtig. Ich möchte dir eine Freude machen mit dem, was du ganz besonders magst.“

Die Uhr im Glas

Ein Geschenk besonders für die Tochter, die das elterliche Heim verlässt. Zum Einzug in die neue Wohnung werden nicht nur Gläser geschenkt, die sie sich ausgesucht hat, sondern in einem davon wird auch noch die lang ersehnte Uhr deponiert.

TIPP

Wenn Sie mehrere Gläser verschenken, nehmen Sie einen größeren Karton. Jedes Glas wird dann separat im Karton befestigt.

MATERIAL

- Standardmaterial (siehe Seite 9)
- 1 Karton
- 1 Glas
- 1 Uhr
- Kringelband
- 1 Geschirrhandtuch
- für die Rose:
  Band, 1 m lang, 10 cm breit
  (Anleitung siehe Seite 116)

1. Stechen Sie mit einem Bleistift zwei Löcher in den Kartonboden und binden Sie den Stiel des Glases, in das Sie zuvor eine Uhr legen, mit Kringelband fest.

2. Schließen sie den Karton und schlingen Sie dann das Geschirrhandtuch herum. Binden Sie es mit Kringelband zusammen.

3. Fertigen Sie nach der Anleitung auf Seite 116 eine Bandrose und befestigen Sie diese auf dem Geschirrtuch.

Lesestoff

1. Legen Sie das Geschenk vorne auf das Papier. Ziehen Sie die Längsseiten straff darüber und halten Sie sie fest.
Den vorderen Papierrand knicken Sie nun an den Buchecken bündig nach innen ein und ziehen das vorstehende Papier hoch.
Führen Sie das Papier über den Buchrand und fixieren Sie es auf der vorderen Längsseite mit doppelseitigem Klebeband.

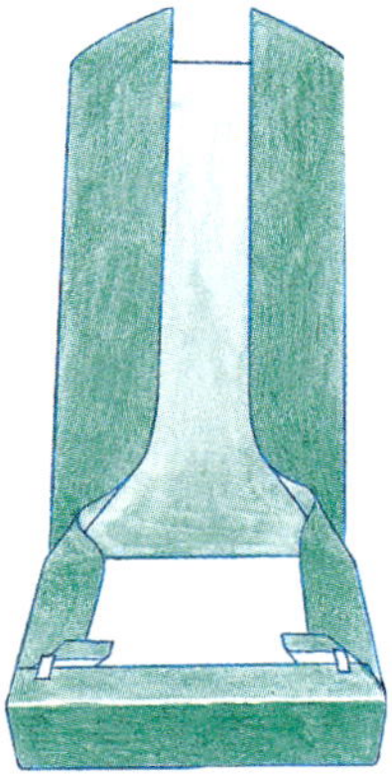

2. Drücken Sie das Papier an den hinteren Geschenkecken nach innen ein. Es entstehen kleine Dreiecke. Halten Sie diese fest und stellen Sie das Geschenk senkrecht.

MATERIAL
- Standardmaterial (siehe Seite 9)
- 1 Bogen Geschenkpapier, 30 x 55 cm
- 1 Buch
- 1 m Papierkordel

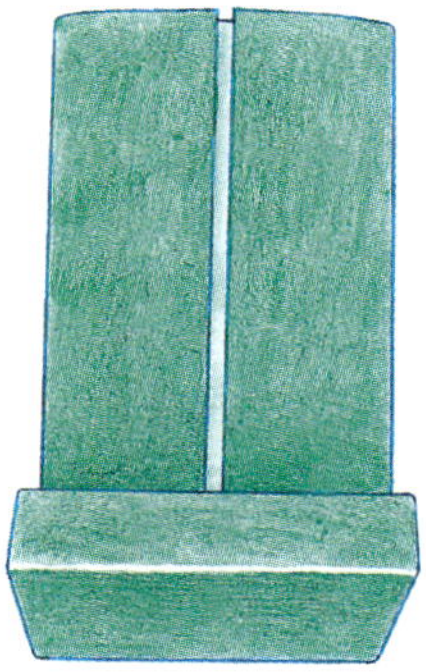

3. Die Dreiecke legen sich von selbst auf die Längsseiten, wenn Sie das Geschenk ganz nach hinten auf das Papier kippen.

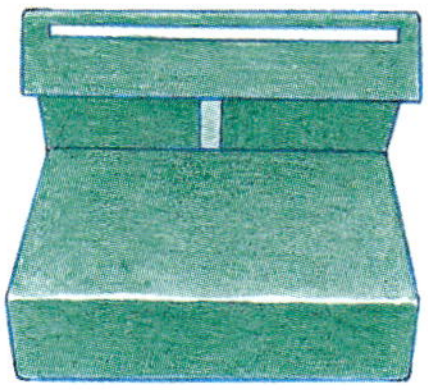

4. Ziehen Sie den hinteren Papierteil nach vorn, falten Sie den Rand so nach innen, dass er mit der vorderen Buchkante bündig abschließt. Mit doppelseitigem Klebeband verschließen.

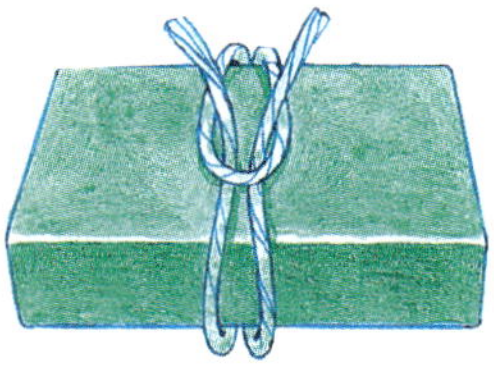

5. Nehmen Sie die Papierkordel doppelt und legen Sie sie von unten um die Verpackung.

6. Ziehen Sie die Kordelenden nun durch die Schlaufe, drehen sie zu einem breiten Band auf und stellen dieses wie einen Fächer hoch.

Für eine echte Leseratte ist ein Buch immer das passende Geschenk. Natürlich erkundigt man sich vorher, welches sie noch nicht kennt. Die Verpackung ist hier bewusst einfach gewählt. Und dennoch gibt die Papierkordel dem Ganzen einen edlen Touch

Für einen Rosenkavalier

MATERIAL

- Standardmaterial (siehe Seite 9)
- 1 Stück feste Pappe, 30 x 30 cm
- 2 Bogen Lackpapier, je 50 x 70 cm
- Glückwunsch- oder Grußkarte im Umschlag
- 1 Krawatte

1. Überziehen Sie die Pappe mit Lackpapier. Kleben Sie dann den Umschlag darauf und legen Sie das Ganze auf den zweiten Papierbogen.

TIPP

Keine Sorge, das Klebeband lässt sich leicht von der Krawatte ablösen und hinterlässt auch keine Rückstände.

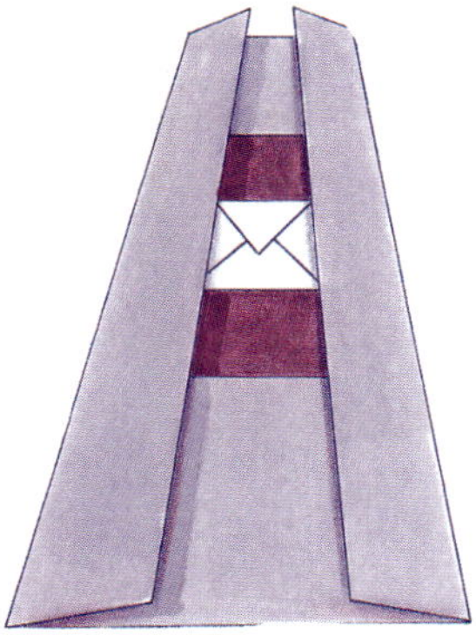

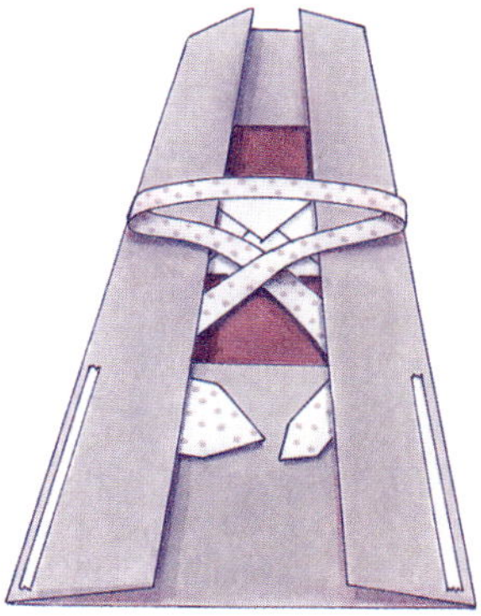

2. Knicken Sie zuerst die Längsseiten nach innen.

3. Legen Sie nun die breiten Krawattenenden unter die Papierränder, die Sie außen mit doppelseitigem Klebeband versehen.

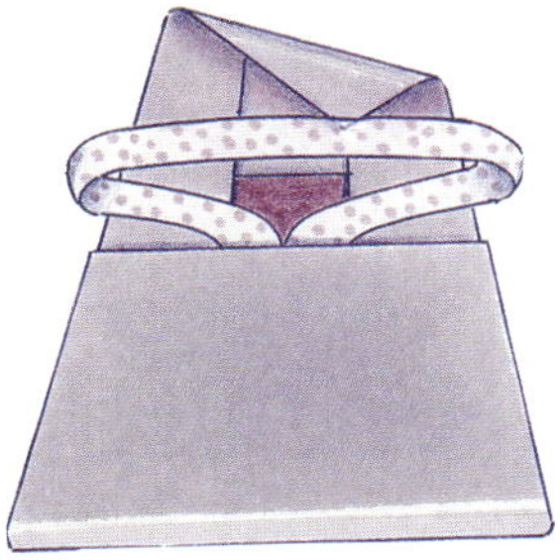

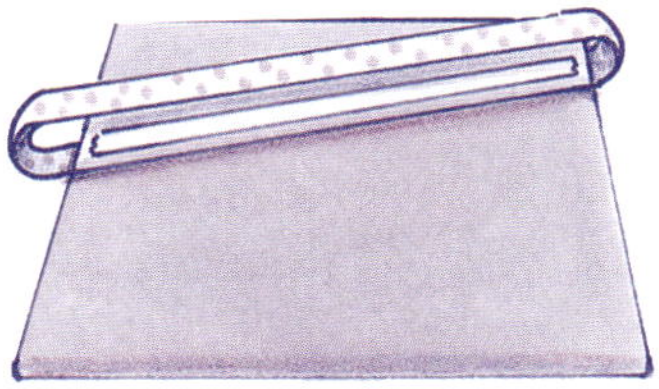

4. Den hinteren Papierrand falten Sie schräg von links nach rechts. Die so entstandene Lasche knicken Sie nach vorn. Bringen Sie außen entlang der gesamten Breite des Randes doppelseitiges Klebeband an. Die Schutzfolie noch nicht ablösen!

5. Ziehen Sie den schmalen Krawattensteg straff nach außen und befestigen Sie ihn auf dem Klebeband.

Wer Rosen liebt, soll Rosen bekommen. Und sei es als Aufdruck auf einer Krawatte wie bei diesem Geschenk hier. Das Interessante ist, wie die Krawatte verpackt wird

Ringlein, Ringlein ...

Dieses Geschenk kann man, besser gesagt die Beschenkte, auf den ersten Blick erkennen. Denn der Ring ist in diese außergewöhnliche und umweltfreundliche Verpackung integriert: Er hält die bunte Schleife zusammen.

Material
- Standardmaterial (siehe Seite 9)
- 1 Stück feste Pappe, 50 x 25 cm
- 1 Bogen Strohseide, 70 x 50 cm
- Kringelband
- 1 Ring
- 6 Stücke verschiedenfarbiges Papierband, je 30 cm lang, 9 cm breit

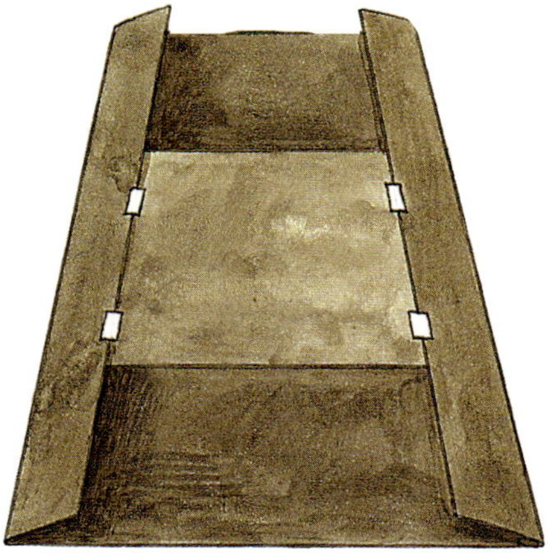

1. Legen Sie die Pappe auf die Strohseide, ziehen Sie die Längsseiten straff darüber und kleben Sie sie dann fest. Dann knicken Sie den vorderen Papierrand über die Pappe und fixieren ihn dort.

2. Falzen Sie den hinteren Strohseiderand nach innen ein und ziehen Sie ihn nach vorn über den Papierrand, wo Sie ihn mit doppelseitigem Klebeband befestigen.

3. Stechen Sie in die Mitte der bezogenen Pappe mit dem Bleistift nebeneinander zwei kleine Löcher. Ziehen Sie das Kringelband zuerst durch den Ring, danach durch die Löcher und verknoten Sie die Enden auf der Pappenrückseite.

4. Zum Schluss führen Sie die sechs Papierbänder durch den Ring und spreizen sie an beiden Seiten gleichmäßig.

Da ist Musik drin

Für CD-Liebhaber eine echte Überraschung. Hinter dieser Verpackung vermutet so leicht niemand eine CD. Die Farben sind nach denen des Weihnachtsoratoriums ausgewählt.

MATERIAL

- Standardmaterial (siehe Seite 9)
- 1 CD
- 1 Stück feste Pappe, 14 x 28 cm
- Kringelband
- undurchsichtige Folie, 70 x 100 cm
- für die Schleife:
  Band, 50 cm lang, 8 cm breit

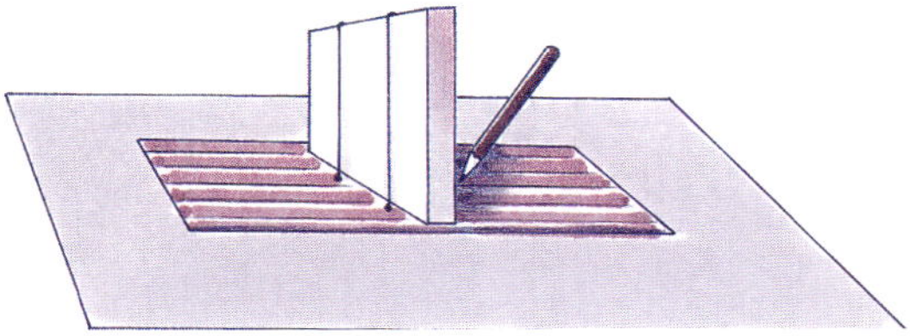

1. Stellen Sie die CD senkrecht in die Mitte der Pappe. Stechen Sie mit dem Bleistift je zwei Löcher in den rechten und linken Rand der Pappe und ziehen Sie das Kringelband durch, das Sie dann an der Unterseite verknoten. Nun legen Sie das Ganze quer über die Folie.

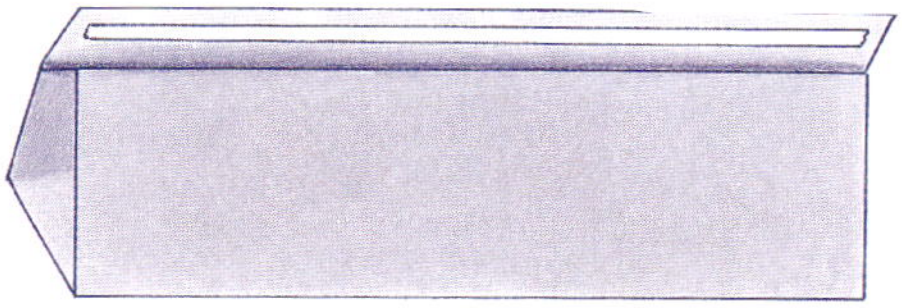

2. Knicken Sie die Längskanten nach oben übereinander und fixieren Sie sie mit doppelseitigem Klebeband.

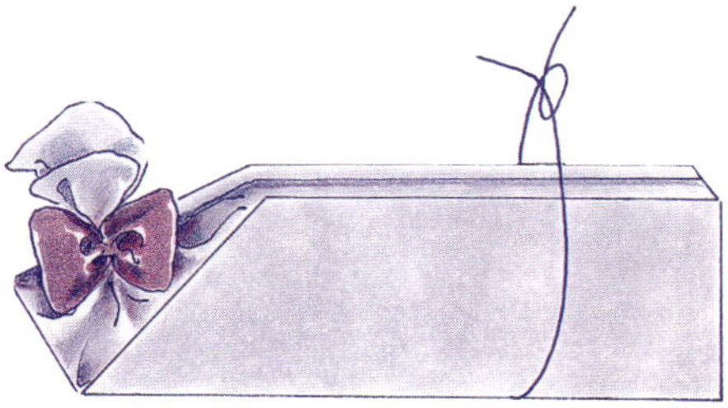

3. Der rechte und linke Rand wird jeweils auf halber Höhe des „Giebels" zusammengerafft, mit Kringelband verknotet und mit einer Schleife versehen (siehe Seite 49, Schritt 3).

Gläserner Strauß

Dieses Blumenbukett hat es in sich. Statt Orchideen oder weißer Lilien bilden hier zwei Sektflöten die Blütenkelche. Zusammen mit einer Flasche Champagner überreicht, lassen Sie das Herz jedes Kenners dieser prickelnden Köstlichkeit höher schlagen.

MATERIAL

- Standardmaterial (siehe Seite 9)
- 2 Sektflöten
- 1 weiche Arbeitsunterlage
- 1 bleistiftdünner frischer Zweig, 25 cm lang
- Bast, 25 cm
- 2 Stücke Zierband, je 10 cm lang, 3 cm breit
- 1 Blatt einer Anthurie oder Aspedistra
- 1 kleineres Blatt
- Asperagus
- Goldband, 25 cm

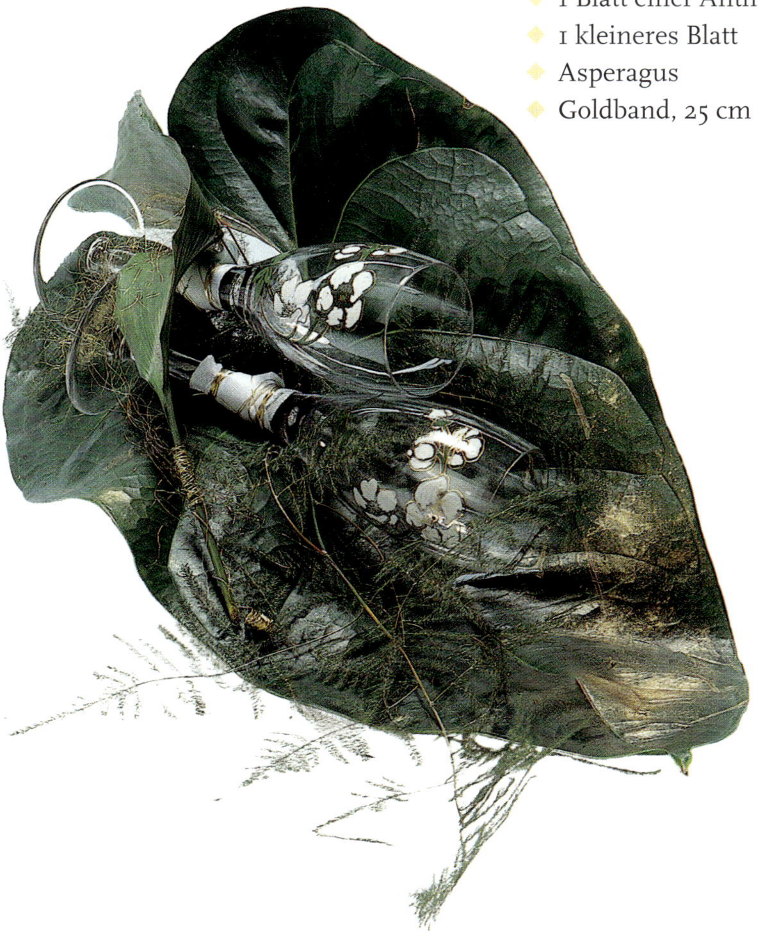

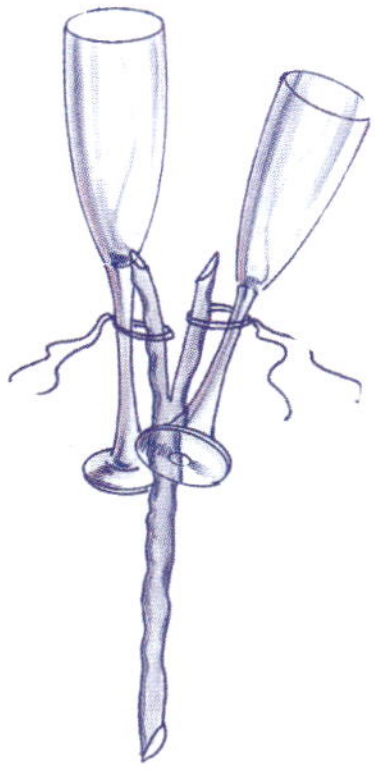

1. Legen Sie die Gläser auf die Arbeitsunterlage. Spleißen Sie den Zweig an einem Ende rund 15 cm und binden Sie die Enden mit Bast an den Gläserstielen fest.

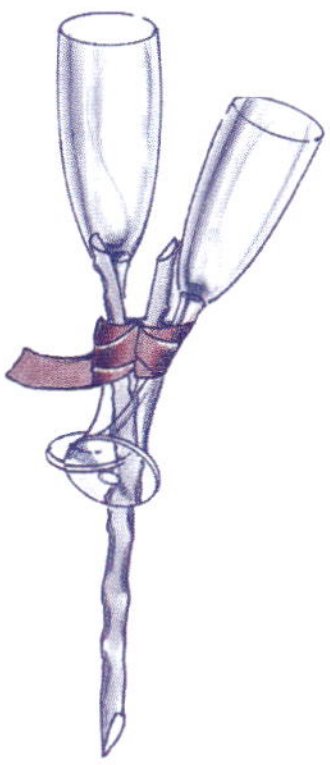

2. Umwickeln Sie den Bast zusätzlich mit Zierband.

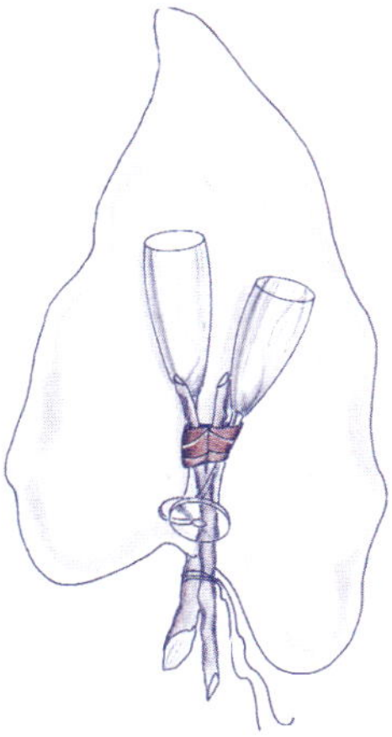

3. Legen Sie die Gläser auf das große Blatt und verknoten Sie das andere Ende des Zweiges am Stiel des Blattes mit Bast. Verzieren Sie die Verpackung mit dem kleineren Blatt, dem Asperagus und dem Goldband.

Wenn einer eine Reise tut

Palme

MATERIAL

- Standardmaterial (siehe Seite 9)
- 1 Bogen gelbes Geschenkpapier
- goldene Klebefolie
- Reststück grünes Geschenkpapier
- schwarzer Fotokarton
- blaue Metallicfolie
- Sprühkleber
- Konfetti

1. Wickeln Sie das Geschenk in gelbes Geschenkpapier ein.

2. Nun schneiden Sie aus goldener Klebefolie den Stamm der Palme aus und kleben ihn auf die Sichtseite des Päckchens.

3. Schneiden Sie aus dem grünen Papier Palmwedel aus, die Sie an den unteren Kanten einschneiden und an den Palmenstamm auf das Päckchen kleben.

4. Für das „Wasser" beziehen Sie ein ovales Stück Fotokarton mit blauem Metallicpapier. Dabei legen Sie das Papier in kleine Falten und schneiden das überstehende Metallicpapier ab.

Eine Palme ziert ein Geschenk, das vielleicht Reiseuntensilien enthält

5. Zum Schluss die Palme mit etwas Sprühkleber besprühen und mit Konfetti bestreuen.

Segelboot

Material
- Standardmaterial (siehe Seite 9)
- 1 Bogen fliederfarbenes Metallicpapier
- 1 Banane
- Reststück rosafarbenes Geschenkpapier
- 1 Schaschlikspieß
- Sprühkleber
- Konfetti

1. Das Päckchen in das Metallicpapier einwickeln und die Banane an der oberen Seite mit doppelseitigem Klebeband befestigen.

2. Aus Geschenkpapier ein „Segel“ zuschneiden und auf den Schaschlikspieß stecken. Das Papier mit Sprühkleber anfeuchten und mit Konfetti bestreuen.

3. Zuletzt den Spieß mit Segel in die Banane stecken.

Diese Verpackungsidee wird jeder Reiselustige sofort als für sich bestimmt erkennen

Für einen Kunstfreund

Erfreuen Sie einen Kunstfreund mit einem kleinen Ölbild, Aquarell, einer Zeichnung oder Radierung. Was auch immer Sie nach seinem Geschmack auswählen, das Geschenkpapier sollten Sie dem Motiv des Bildes anpassen. Hier geht es um ein Stilleben mit Obst.

MATERIAL

- Standardmaterial (siehe Seite 9)
- 1 Bild
- 1 Bogen bunt bedrucktes Packpapier, 65 x 40 cm
- Juteband, 65 cm lang, 3,5 cm breit
- Papierkordel, 25 cm

1. Legen Sie das Geschenk auf das Papier und ziehen Sie die Längsseiten des Papiers straff über das Bild. Beschweren Sie sie oder halten Sie sie fest.

2. Knicken Sie den vorderen Papierrand an den Geschenkecken nach innen bündig ein und ziehen Sie das vorstehende Papier hoch.

3. Führen Sie das Papier über den Bildrand und fixieren Sie es auf den beiden Längsseiten mit Klebeband.

4. Drücken Sie das Papier an den hinteren Bildecken nach innen ein. Dadurch entstehen kleine Dreiecke. Halten Sie diese fest und stellen Sie das Geschenk senkrecht.

5. Kippen Sie nun das Bild ganz nach hinten auf das Papier, dann legen sich die Dreiecke auf die Längsseiten.

6. Ziehen Sie den hinteren Papierteil nach vorn und falten den Rand so nach innen ein, dass er bündig mit der vorderen Bildkante abschließt. Dann fixieren Sie doppelseitiges Klebeband auf dem Papierrand und verschließen die Verpackung. (Abbildungen dazu siehe Seite 54/55).

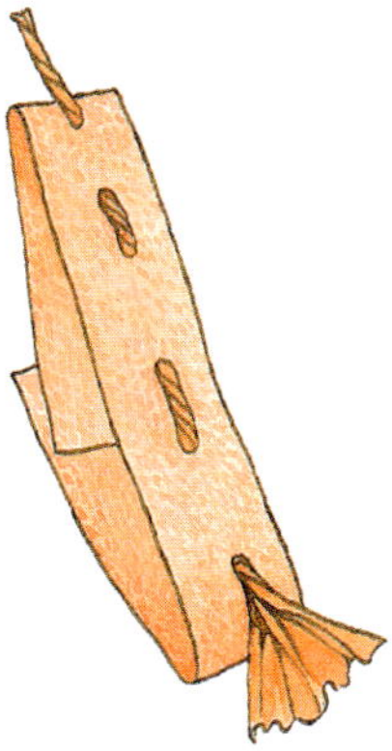

7. Nehmen Sie nun das Juteband. Stechen Sie mit der Schere vorsichtig in die Mitte der Bandlänge in gleichmäßigen Abständen sechs Löcher hinein. Ziehen Sie die Kordel durch die Löcher, die Enden auffächern.

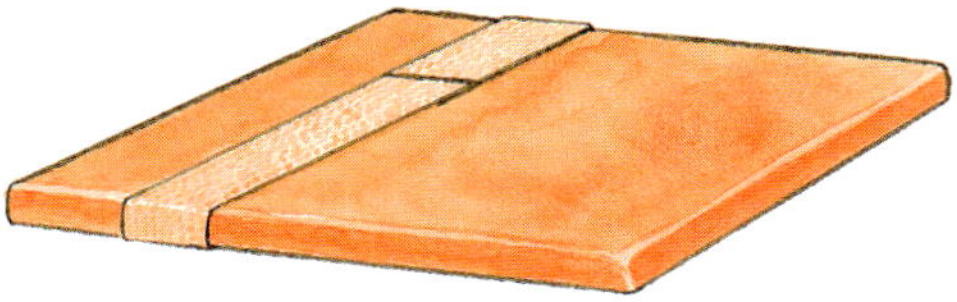

8. Das Juteband um das Geschenk legen und auf dessen Rückseite die Bandenden mit doppelseitigem Klebeband befestigen.

Urlaubsfreuden

1. Kleben Sie die glatte Seite der Wellpappe auf die feste Pappe. Legen Sie das Geschenk in die Schachtel.

2. Knüllen Sie das Recyclingpapier so lange, bis es sich so weich wie Stoff oder Leder anfühlt. Streichen Sie es wieder ein wenig glatt.

3. Fixieren Sie jetzt viele Streifen doppelseitiges Klebeband auf den Rillen der Wellpappe und befestigen Sie das geknautschte Papier darauf.

4. Suchen Sie einen geeigneten Platz in den Papierfalten, in dem Sie das Geschenkschächtelchen einklemmen oder -kleben können.

MATERIAL

- Standardmaterial (siehe Seite 9)
- 1 Stück Wellpappe (einseitig mit Papier beklebt), 70 x 50 cm
- 1 Stück feste Pappe, 70 x 50 cm
- 1 Geschenkkarton, 8 x 6 x 2,5 cm
- 1 Bogen mattes Recyclingpapier, 70 x 50 cm
- Klebstoff oder Klebestift

TIPP

Um das Ganze zu einem Kunstwerk zu vervollständigen, stechen Sie mit einem spitzen Bleistift oben in den Wellpappenrand ein Loch und ziehen das Kringelband hindurch. Das ist dann der Aufhänger für das Bild.

Auch dieses Geschenk könnte einem Kunstliebhaber gelten, allerdings müsste er moderne Kunst bevorzugen. Denn die Verpackung ist sicherlich ein kleines Kunststück. Das kleine gelbe Geschenk ist hier ein Reisewecker, damit der Urlaub nicht verschlafen wird

Ungewöhnliche und witzige Verpackungen

Geschenke einpacken macht mindestens genauso viel Spaß wie das Auspacken. Mit etwas Fantasie und ein paar originellen Ideen lassen sich Verpackungen herstellen, für die man Sie beglückwünschen wird. Auf den folgenden Seiten werden einige Ideen für ungewöhnliche Verpackungen vorgestellt. Ihrer Fantasie und Kreativität sind jedoch keine Grenzen gesetzt: Je witziger die Verpackung, desto eher rückt das eigentliche Geschenk in den Hintergrund.

Zeitung gefällig

1. Die Flasche in das Zeitungspapier einrollen. Das Papier am Flaschenboden einschlagen und mit Klebeband fixieren.

2. Dann die Flasche senkrecht stellen. Das obere Papierteil zusammendrücken, einen 2 cm breiten und 25 cm langen Streifen Fotokarton an der offenen Kante anlegen und das Papier mit dem Streifen zweimal nach vorn umschlagen.

3. Direkt unterhalb der Faltung die Zeitung auf beiden Seiten circa 4 cm einschneiden und die Streifenenden zusammentackern. Das ist der Kragen.

4. Für die Krawatte aus schwarzem Fotokarton eine Rhombusform ausschneiden, die obere Spitze umschlagen und in den Kragen einhängen. Die Spitze mit Kontaktkleber befestigen, damit die Krawatte nicht verrutscht.

5. Nun die beiden oberen Enden der Verpackung nach hinten knicken und fest ankleben.

6. Eine klassische Schleife aus Geschenkband binden (Anleitung siehe Seite 122) und mit doppelseitigem Klebeband an der Flasche befestigen.

Material

- Standardmaterial (siehe Seite 9)
- 1 Flasche
- 1 Zeitung
- schwarzer Fotokarton
- grünes Schleifenband

Eine witzige Verpackung für Zeitungsleser, wenn sie denn die arabischen Schriftzeichen entziffern können. Auf jeden Fall aber werden sie sich am flüssigen Inhalt der Zeitungsverpackung erfreuen

Ein Radiowecker als Radio

1. Den Originalkarton auf das Papier legen und die Längsseiten über den Karton falten.

2. Mit Daumen und Zeigefinger das Papier an den Kartonecken eindrücken.

3. Nun das Papier so hochziehen, dass die Kanten parallel zu denen des Kartons liegen. Dann das Papier an den Seiten straffen, damit es glatt und bündig mit den Kartonkanten abschließt.

4. Nun das Papier über den Kartonrand falten, bis links und rechts ein Dreieck entsteht, und an beiden Rändern mit einfachem Klebeband befestigen. Das Papier an den hinteren Kartonecken nach innen eindrücken, sodass auch hier Dreiecke entstehen.

5. Den hinteren Papierteil langsam nach oben ziehen, bis sich die dabei entstehenden Papierdreiecke ohne weiteres Zutun auf die Seitenränder legen.

6. Stellen Sie das Geschenk senkrecht und ziehen Sie den hinteren Teil des Papiers hoch, sodass die Ränder mit denen des Kartons bündig abschließen (Abbildungen dazu siehe Seite 36/37).

7. Das Holzstäbchen mit Alufolie umwickeln. Diese „Antenne“ dann oben in das Paket stechen.

8. Das Lochband auf die Lackfolie kleben. Diese und vier Knöpfe mit doppelseitigem Klebeband vorn auf dem „Radio“ befestigen und je einen Knopf auf der rechten Seite und oben.

MATERIAL

- Standardmaterial (siehe Seite 9)
- 1 Radiowecker, im Originalkarton
- Papier, das etwa dreimal so lang ist wie das Geschenk, aber etwas breiter
- 1 langes Holzstäbchen (z. B. ein Schaschlikspieß)
- Aluminiumfolie
- 1 rechteckiges Stück so genanntes Lochband
- 1 ebenso großes Stück schwarze Lackfolie
- 6 Knöpfe, unterschiedlich groß

Diese Verpackung vesteckt nichts, sie zeigt, was in ihr steckt: ein Radiowecker. Das äußere Radio ist witzig gestaltet mit Knöpfen und einer „richtigen" Antenne

In die Röhre geguckt

MATERIAL
- Standardmaterial (siehe Seite 9)
- 1 Papprolle, 45 cm lang, 15 cm Durchmesser
- 1 Schmuckstück
- Kringelband
- 2 Stück Strohseide, je 20 x 20 cm
- 1 Bogen Strohseide, 65 x 50 cm
- Papierkordel, 1, 50 m

1. Stechen Sie vorsichtig zwei kleine Löcher nebeneinander in die Röhre, und zwar kurz vor dem Rand.
Hängen Sie den Schmuck an ein Stück Kringelband, ziehen jedes Ende durch eines der Löcher und verknoten das Kringelband so, dass der Schmuck auf mittlerer Höhe in der Röhre hängt.

2. Nun zuerst den Rand der Röhrenöffnung, vor dem der Schmuck hängt, mit Klebstoff bestreichen und mit einem Stück Strohseide bespannen.

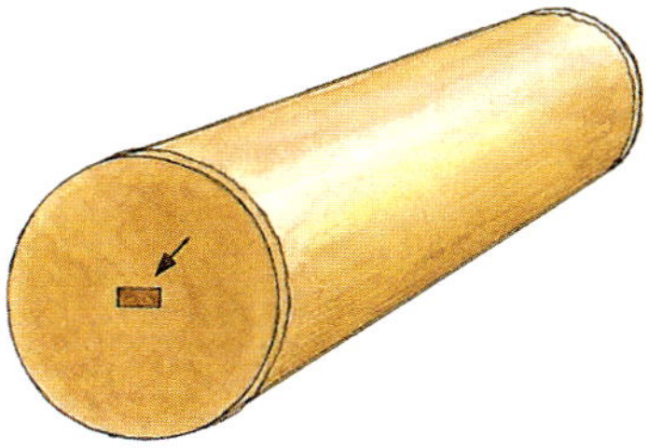

3. Bekleben Sie nun die andere Röhrenöffnung auch mit einem Stück Strohseide und schneiden Sie ein kleines Guckloch ein. Zeichnen Sie einen Pfeil auf, der die richtige Stellung der Röhre angibt, in der man das Geschenk durch das Guckloch hindurch sehen kann.

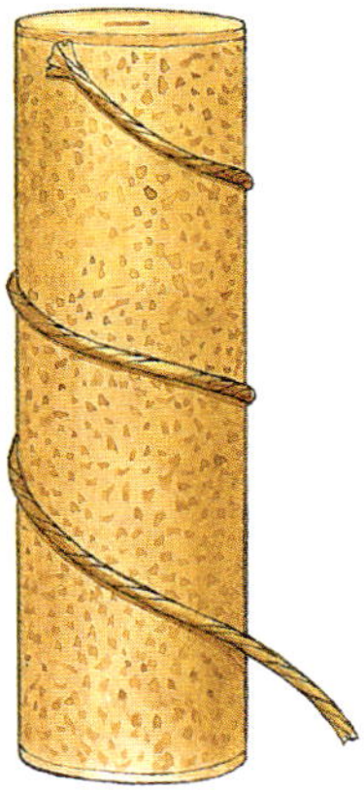

4. Schlagen Sie den Bogen Strohseide so weit an den Längsseiten nach innen ein, dass er genau die Breite der Röhre hat. Diese bestreichen Sie nun mit Klebstoff und legen sie danach auf das eine Ende der Strohseide. Drücken Sie es gut an und rollen Sie die Röhre bis zum Papierende weiter.

5. Schlingen Sie die Papierkordel diagonal um die Röhre und befestigen Sie die Enden mit doppelseitigem Klebeband.

Wer in diese Röhre guckt, ist sicherlich überrascht, so etwas Kleines wie ein Schmuckstück darin zu sehen. Aber das ist ja gerade der Gag bei dieser Verpackung. Sie ist einfach herzustellen und kann ruhig mehrmals verwendet werden

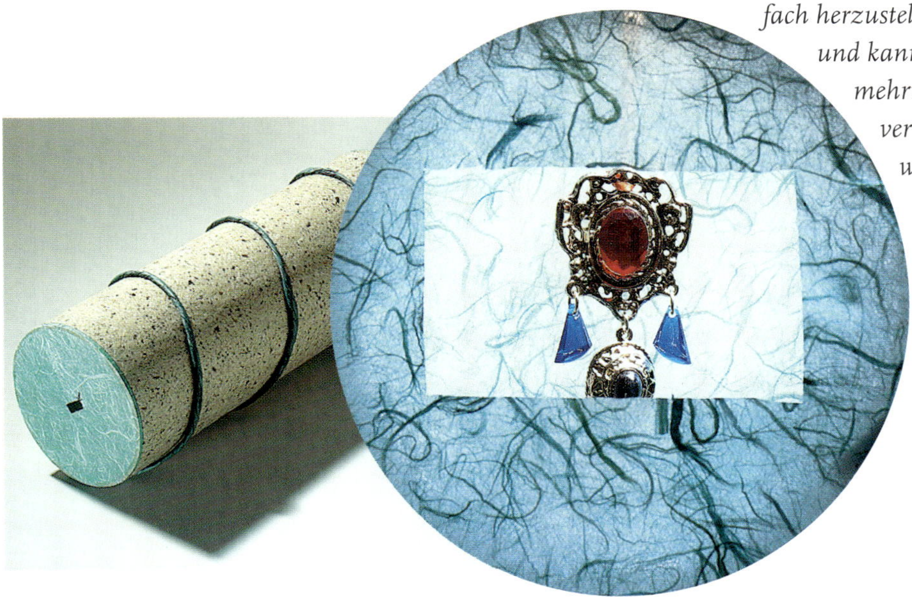

Verschlusssache

1. Wickeln Sie das Geschenk in das blaue Geschenkpapier (siehe dazu die Anleitung auf Seite 36/37) und hüllen Sie das Ganze anschließend in die irisierende Folie.

2. Schlingen Sie die Gliederkette mehrmals um die Verpackung – je unregelmäßiger, desto passender.

3. Hängen Sie das Schloss ein und verschließen Sie es.

MATERIAL

- Standardmaterial (siehe Seite 9)
- 1 Bogen blaues Geschenkpapier
- irisierende Geschenk- oder Plastikfolie
- Gliederkette
- 1 Minischloss

TIPP

Machen Sie es spannend: Packen Sie den Schlüssel für das Schloss noch einmal extra in eine kleine Schachtel ein.

An diese Verpackung muss wohl ein Entfesselungskünstler heran. Das Geschenk ist mehrfach mit einer Kette umwunden und mit einem Sicherheitsschloss gesichert. Da kann es sich nur um was ganz Wertvolles handeln – ein Schatz für einen lieben Schatz

Mit Girlande

1. Das Geschenk in das pinkfarbene Papier einwickeln (siehe dazu die Anleitung auf Seite 36/37).

2. Zwei schmale Streifen aus blauem Lackpapier an den Kanten nach hinten falten. Die Streifen in der Mitte um das Päckchen legen und auf der Rückseite festkleben.

3. Einen Lampionsticker öffnen und an beiden Enden auf der Vorderseite des Geschenks befestigen.

4. Die Verpackung mit farbigen Federn dekorieren.

Material

- Standardmaterial (siehe Seite 9)
- 1 Bogen pinkfarbenes Lackpapier
- Rest blaues Lackpapier
- 1 Lampionsticker
- Federn in verschiedenen Farben

Zur Party wird die Girlande bei dieser Verpackung gleich mitgeliefert. Mit bunten Federn erhält das Geschenk eine luftige Note

Die Eisenbahn ist da

Aber wo ist sie denn? Der Verpackung nach sieht es eher nach einem riesigen Bonbon aus. Um so größer ist die Überraschung, wenn das Kind das Bonbon auspackt und eine Holzeisenbahn zum Vorschein kommt.

Material für eine Eisenbahn aus vier Teilen

- Standardmaterial (siehe Seite 9)
- 1 vierteilige Eisenbahn
- Packwatte oder Zeitungspapier
- Folie oder Stoff, 120 x 150 cm
- Kringelband
- 5 Stücke Folie, je 20 x 20 cm

1. Die Eisenbahn in Packwatte oder Zeitungspapier hüllen.

2. Das Ganze auf die Folie oder den Stoff legen und einrollen.

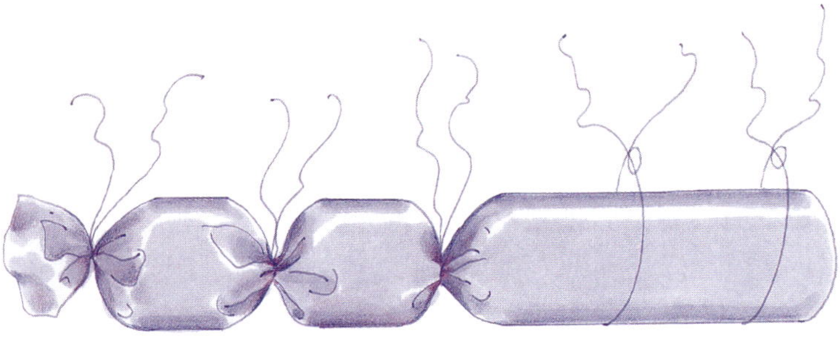

3. Nun an den Enden zwischen den Einzelteilen mit Kringelband festbinden.

4. Die Folienquadrate von zwei Seiten her in der Mitte zu Schleifen zusammenpressen und an den Kringelbändern befestigen (siehe Abbildung Seite 80).

Frisch gepresst

Das ist das ultimative Geschenk für alle, die gesund und fit bleiben wollen und dafür gern frisch gepressten Saft trinken – eine Saftpresse. Dazu gibt's gleich die Zutaten für den ersten Saft.

MATERIAL

- Standardmaterial (siehe Seite 9)
- 1 Saftpresse im Originalkarton
- Lackpapier, dessen Größe sich nach der Größe des Geschenks richtet, ebenso die Länge des Bandes
- Band, 80 cm lang, 10 cm breit
- Kringelband
- 3 Stücke Zellophanfolie
- je 1 Orange, Zitrone und Grapefruit
- einzelne Blätter zur Dekoration der Schleife

1. Legen Sie das Geschenk – die Saftpresse im Originalkarton – auf das Papier. Das Papier bemessen Sie so, dass es von den Längsseiten her nach innen geknickt an jeder Seite etwa 3 cm auf dem Karton liegt, wo es festgeklebt wird. Darauf befestigen Sie doppelseitiges Klebeband.

2. Ziehen Sie den rechten Teil des Papiers hoch und knicken Sie ihn an den Rändern nach innen. Falten Sie den oberen Rand etwa 1 cm nach innen und befestigen Sie ihn auf dem Karton.

3. Nun verfahren Sie mit der anderen Seite des Geschenks genauso und knicken den oberen Papierrand ebenfalls 1 cm breit um.

4. Dann fixieren Sie das Papier mit doppelseitigem Klebeband auf dem Karton. Diese Seite ist die Unterseite der Verpackung.

5. Das Geschenkband schlingen Sie von unten nach oben um den Karton, verknoten es mit Kringelband und fügen eine gelegte Schleife (die Bandenden über Kreuz legen und in der Mitte zusammenraffen) ein.

6. Wickeln Sie die Früchte einzeln in Zellophanfolie ein und befestigen Sie sie in der Mitte der Schleife mit dem Kringelband.

7. Als zusätzliche Dekoration binden Sie noch ein paar Blätter an.

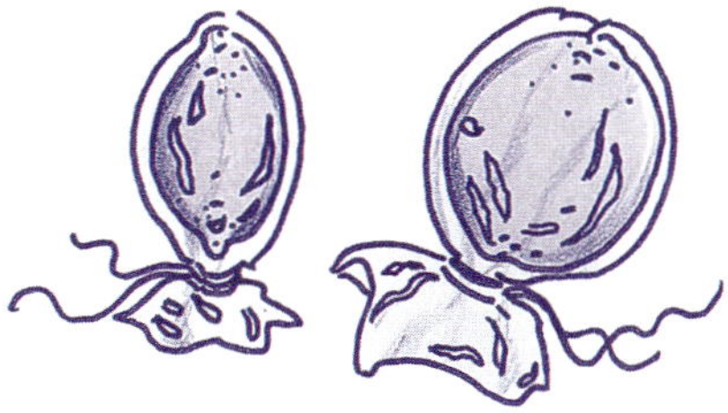

Geistvolles

Flaschenwickel

Material

- Standardmaterial (siehe Seite 9)
- weißes Kringelband
- 1 Flasche
- blaues Kringelband
- Blumendraht
- violettes Lochband
- Lametta
- blaue Federn

1. Das weiße Kringelband am unteren Ende der Flasche festkleben und in engen Windungen bis zur Flaschenmitte wickeln. Circa 10 cm Band überstehen lassen und in schmale Streifen reißen.

2. Danach das blaue Kringelband am Flaschenkopf befestigen und bis zur Flaschenmitte nach unten wickeln. Circa 30 cm Band überstehen lassen, in Streifen reißen und wieder nach oben binden. Die Streifen am Flaschenkopf mit Blumendraht fixieren.

3. Das Lochband zu einer Schleife legen, in der Mitte mit Blumendraht abbinden und am Flaschenkopf befestigen. Zum Schluss die Verpackung beliebig mit Lamettafäden und Federn schmücken.

Vogelnest

Material

- Standardmaterial (siehe Seite 9)
- 2 Bogen farblich passendes Polypapier
- Geschenkband
- Flower-Hair
- 1 Lampionsticker „Vogel“
- Federn

1. Die beiden Bogen Polypapier übereinander legen und die Flasche einrollen.

2. Das Papier an den inneren Kanten mit doppelseitigem Klebeband fixieren. Am Flaschenboden einschlagen und ebenfalls mit doppelseitigem Klebeband befestigen.

3. Nun die Flasche senkrecht stellen. Dann das obere Papierteil bis zum Flaschenhals in 1 cm breite, senkrechte Streifen schneiden oder reißen.

4. Die Streifen oben mit Geschenkband zusammenbinden.

5. Ein „Nest“ aus Flower-Hair auf die Verpackung legen, den Lampionsticker öffnen und oben hineinstecken. Das Nest mit Federn dekorieren.

Flaschen sind ein beliebtes Mitbringsel und Geschenk. Für einen Weinkenner und Vogelfreund oder Whiskytrinker und Sammler origineller Verpackungen sind diese beiden Modelle genau das Richtige

Die Indianer kommen

Die Indianer kommen – allerdings in friedlicher Absicht mit Friedenspfeife und weißer Fahne. Sicher gibt es etwas wieder gutzumachen. Womit hier Frieden geschaffen wird, bleibt allerdings das Geheimnis. Nur so viel steht fest, eine Flasche Feuerwasser ist dabei.

Friedenspfeife

MATERIAL

- Standardmaterial (siehe Seite 9)
- grünes Krepppapier
- gelbes Kringelband
- Federn in verschiedenen Farben
- rotes Geschenkband
- Konfetti
- rotes Tonpapier
- Watte
- Tacker

1. Die Flasche in grünes Krepppapier einrollen. Am Flaschenhals das Papier zusammenbinden und oben überstehendes Papier abschneiden.

2. Ein Stück gelbes Kringelband über die Flasche legen und festkleben. Das Band an den Enden in Streifen reißen.

3. Am Flaschenkopf Federn befestigen und rotes Geschenkband über die Federkiele kleben. Das Band mit Klebstoff einstreichen und mit Konfetti bestreuen.

4. Einen schmalen Streifen Tonpapier zu einem Röllchen drehen. Einen Tonpapierkreis mit einem Durchmesser von 10 cm einmal bis zur Mitte einschneiden, zum Trichter formen und zusammenkleben.

5. Den Trichter an der Spitze zusammenkleben und an dem Röllchen festtackern. Einen Wattebausch in die Friedenspfeife stecken.

6. Die Friedenspfeife mit doppelseitigem Klebeband an der Flasche befestigen.

Weiße Fahne

Material
- Standardmaterial (siehe Seite 9)
- 1 Bogen rotes Geschenkpapier
- ein Rest grünes Krepppapier
- 1 Stöckchen
- weißer Stoffrest
- Silberkordel
- Sprühkleber
- Konfetti

1. Das Päckchen in rotes Geschenkpapier einschlagen.

2. Grünes Krepppapier um das Stöckchen wickeln und mit doppelseitigem Klebeband am Geschenk befestigen. Dabei das Papier so anordnen, dass das Stöckchen schräg nach oben zeigt.

3. Nun einen weißen Stoffrest um das obere Ende des Stöckchens wickeln und mit Silberkordel festbinden.

4. Das Päckchen mit Sprühkleber anfeuchten und mit Konfetti bestreuen.

Was rappelt in der Obstkiste?

Hier soll eigentlich einem Sammler von Briefbeschwerern ein solches Geschenk zuteil werden. Da er aber gleichzeitig ein begeisterter Apfelesser ist, bekommt er das Paperweight verpackt in einer Kiste Äpfel.

Tipp

Diese Geschenkverpackung eignet sich natürlich für alle runden Geschenke.

Material

- Standardmaterial (siehe Seite 9)
- 1 Steige mit Äpfeln
- 1 Paperweight
- verschiedenfarbige Seidenpapiere für Äpfel und Paperweight

Wickeln Sie Äpfel und Paperweight einzeln in die Seidenpapiere ein und legen Sie sie in die Steige.

Und noch mal Saft

1. Breiten Sie den Stoff aus und legen Sie etwa die Hälfte der Holzwolle eng in die Mitte. Darauf setzen Sie die Saftpresse (ohne Verpackung).

2. Nehmen Sie das Tuch an allen vier Ecken hoch und halten Sie es mit einer Hand locker zusammen. Mit der anderen Hand füllen Sie die restliche Holzwolle ein und verteilen sie so, dass dabei die Form einer Orange entsteht.

3. Binden Sie die „Orange“ mit Kringelband zusammen und stecken Sie einige grüne Blätter darunter.

Material für ein Objekt 20 x 20 x 20 cm

- Standardmaterial (siehe Seite 9)
- Stoff, 80 x 80 cm
- Holzwolle
- 1 Saftpresse
- Kringelband; einige Blätter

Und noch eine Saftpresse – diesmal wird sie aber direkt als Apfelsine gestaltet

Fahrzeugschein

DIPLOM

Besondere Anlässe

Besondere Anlässe erfordern besondere Geschenke mit einer ganz besonderen Verpackung. Die Taufe des Enkelkindes, die Goldene Hochzeit der Eltern, die bestandene Führerscheinprüfung oder der erste Job des Sohnes – dies alles sind Anlässe, zu denen man gerne etwas tiefer in die Tasche greift. Und da wäre es doch schade, wenn die Verpackung nicht mithalten kann.

Zur Taufe

Geschenk in Rosa

Material
- Standardmaterial (siehe Seite 9)
- 1 Bogen rosa Geschenkpapier
- weißes Glitzerband
- weißes Tüllband
- weißes Tüllband mit Goldpunkten
- rosa Federn
- weiße Perlenkette

1. Das Geschenkpapier sollte mindestens die dreifache Länge des Päckchens haben. Das Geschenk auf die linke Hälfte des Papiers legen und so einwickeln, dass die Stoßkante des Papiers bündig mit der hinteren oberen Kante des Päckchens abschließt.

2. Die linke Seite der Verpackung schließen.

3. Danach das rechts überstehende Papierteil flach drücken. Die rechte vordere Ecke so nach hinten falten, dass die vordere Längskante mit der rechten Breitseite des Päckchens abschließt.

4. Das rechte Papierteil auf die obere Seite des Päckchens falten. Die linke Spitze des hinten überstehenden Papierteils nach rechts biegen und zur Tüte rollen. Diese nun mit doppelseitigem Klebeband auf der oberen Seite des Päckchens befestigen.

5. Anschließend aus weißem Glitzer- und Tüllband sowie Tüllband mit Goldpunkten eine Materialmix-Schleife (Anleitung siehe Seite 128) binden und diese auf dem Geschenk mit doppelseitigem Klebeband befestigen.

6. Zuletzt das Päckchen mit Federn und Perlenkette schmücken.

Geschenk in Blau

MATERIAL

- Standardmaterial (siehe Seite 9)
- weißer Tüll
- 1 Bogen hellblaues Geschenkpapier
- Tacker
- blaues Geschenkband
- blaue und weiße Federn

1. Den Tüll in Querfalten auf das Geschenkpapier legen und an den Kanten auf dem Papier festtackern. Überstehenden Tüll abschneiden.

2. Das Geschenk in das mit Tüll bezogene Papier einschlagen.

3. Anschließend das Päckchen mit blauem Geschenkband einmal umwickeln. Das Band auf der Sichtseite mehrfach knoten und mit Federn schmücken.

Ein Geschenk zur Taufe hängt natürlich davon ab, ob ein Junge oder ein Mädchen beschenkt werden soll. Und ebenso individuell rosa oder blau wird natürlich die Verpackung gestaltet

TIPP

Wenn Sie noch ein kleines Geschenk dazupacken, falten Sie aus Geschenkpapier eine kleine Ziehharmonika und befestigen Sie sie auf dem Geschenk.

Zur Hochzeit

Hochzeitspaare haben meist eine lange Wunschliste, die sie auslegen. Das hat den Vorteil, dass nichts Unerwünschtes und nichts doppelt geschenkt wird. Die Verpackung spricht für sich. Bei diesem Modell wurde eine Kaffeemaschine verpackt.

MATERIAL

- Standardmaterial (siehe Seite 9)
- 1 Kaffeemaschine im Originalkarton
- Lackpapier, dessen Größe sich nach der des Geschenks richtet
- Kaffeebohnen
- Band, 80 cm lang, 10 cm breit
- Kringelband

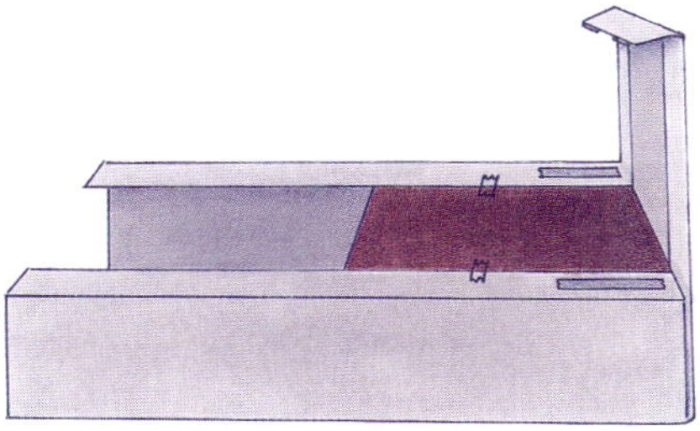

1. Verpacken Sie die Kaffeemaschine im Originalkarton. Das Papier bemessen Sie so, dass es von den Längsseiten her nach innen geknickt an jeder Seite etwa 3 cm auf dem Karton liegt. Dort festkleben und darauf doppelseitiges Klebeband befestigen.

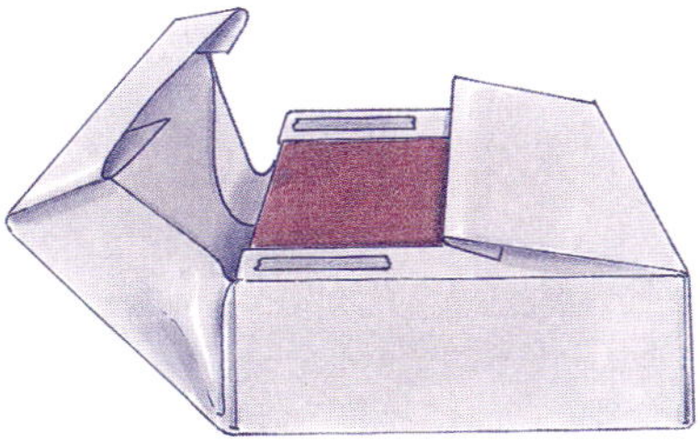

2. Ziehen Sie den rechten Teil des Papiers hoch und knicken Sie ihn an den Rändern nach innen. Falten Sie den oberen Rand etwa 1 cm nach innen und befestigen Sie ihn auf dem Karton.

3. Nun verfahren Sie mit der anderen Seite des Geschenks genauso und knicken den oberen Papierrand ebenfalls 1 cm breit um.

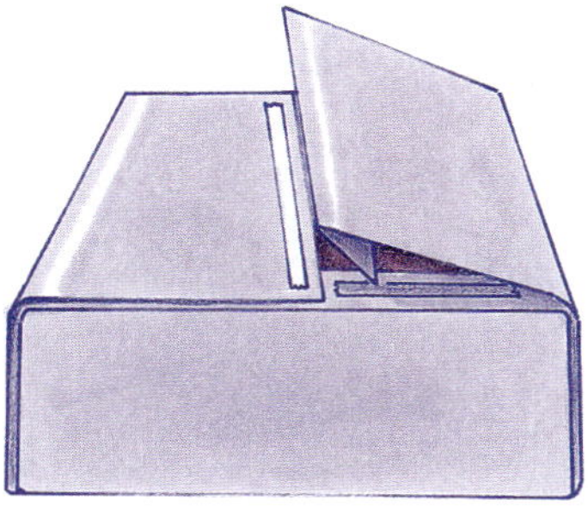

4. Dann fixieren Sie das Papier mit doppelseitigem Klebeband auf dem Karton. Diese Seite ist die Unterseite der Verpackung.

5. Malen Sie mit einem Klebestift zwei ineinander verschlungene Herzen auf die glatte Oberseite, legen Sie die Kaffeebohnen darauf und drücken Sie sie fest.

6. Zuletzt schlingen Sie das Geschenkband waagerecht um die Verpackung, verknoten es mit Kringelband und arbeiten eine gelegte Schleife ein (die beiden Enden über Kreuz legen, dann in der Mitte zusammenraffen).

Zur Goldenen Hochzeit

Blumenfächer

MATERIAL
- Standardmaterial (siehe Seite 9)
- 1 Bogen Geschenkpapier
- Kringelband
- Silberfolie
- breites Dekorband in Gold
- Tacker

1. Ein quadratisches Stück Geschenkpapier wie eine Ziehharmonika falten und in der Mitte mit Kringelband zusammenbinden. Die seitlichen Flügel öffnen und an den Innenkanten zu einem runden Fächer zusammenkleben.
2. Das eigentliche Geschenk in Silberfolie einpacken.
3. Das Dekorband an der unteren Längskante fassen und so aufwickeln, dass sich die Rolle trichterförmig öffnet. Die obere Kante dabei nach innen beziehungsweise außen schlagen. Das Band unten festtackern.
4. Die fertig gestellte Blume mit doppelseitigem Klebeband auf dem Geschenk anbringen.

Geschenk mit Jubiläumszahl

MATERIAL
- Standardmaterial (siehe Seite 9)
- 1 Bogen Geschenkpapier
- 1 Bogen Goldpapier
- goldenes Schleifenband
- schmales Goldband
- 1 goldene Prägezahl

1. Das Geschenk in das Geschenkpapier einwickeln.
2. Zwei lange Streifen aus Goldpapier schneiden, an den Kanten nach hinten schlagen und je einmal längs und quer um das Päckchen legen.
3. Nun goldenes Schleifenband und schmales Goldband abwechselnd auf die Goldpapierstreifen legen und an den Enden zusammenkleben. Aus Geschenkpapier einen Streifen fertigen und ebenfalls einarbeiten.
4. Zum Schluss goldenes Schleifenband in sechs Schlaufen legen, in der Mitte zusammenkleben und eine kleine kreisförmige Schlaufe rechtwinklig darüber setzen.
5. Die Schleife mit doppelseitigem Klebeband vorsichtig fixieren und die goldene Prägezahl hineinstecken.

Nach 50 Ehejahren hat man sich nicht nur ein ganz besonderes Geschenk verdient, sondern auch, dass dieses ausnehmend hübsch verpackt wird. Hier sind zwei verschiedene Vorschläge dafür

Zur Genesung

Erste Hilfe

MATERIAL
- Standardmaterial (siehe Seite 9)
- 1 Bogen Geschenkpapier mit Margeritenmuster
- Mullbinde
- Kringelbänder in verschiedenen Farben
- 1 Seidenmargerite

1. Packen Sie das Geschenk in das Margeritenpapier ein. Die beiden oberen Ecken der Vorderseite falten Sie so nach innen, dass eine Spitze entsteht.
2. Nun wickeln Sie ein Stück Mullbinde um die untere Kante des Päckchens und legen die spitze Geschenkpapierklappe darüber.
3. Nun fertigen Sie aus der Mullbinde eine Schleife nach der Anleitung auf Seite 122 und binden sie mit verschiedenfarbigen Kringelbändern ab. Die Bänder kräuseln.
4. In der Schleifenmitte die Seidenmargerite befestigen und die Schleife auf der Verpackung mit doppelseitigem Klebeband anbringen.

Gut eingepackt mit einem Schal

MATERIAL
- Standardmaterial (siehe Seite 9)
- 1 Flasche
- 1 Bogen grünes Metallicpapier (z. B. mit Schriftzug „Alles Gute“)
- rosa Strickstoff, ca. 20 x 100 cm
- Silberkordel

1. Rollen Sie die Flasche in das grüne Metallicpapier ein. Das Papier am Flaschenboden einschlagen und die Flasche senkrecht stellen. Oben sollten etwa 20 cm Papier überstehen.
2. Nun drücken Sie das obere Papierteil an der offenen Kante wie eine Ziehharmonika bis zum Flaschenhals herunter zusammen.
3. Rollen Sie den Strickstoff an der Längskante zusammen und binden Sie ihn an beiden Enden mit Silberkordel ab. Schlingen Sie den „Schal“ direkt unterhalb der Faltung um die Flasche und verknoten ihn.
4. Zuletzt ziehen Sie den Fächer auf der rechten Seite auseinander und drücken ihn ein wenig über den Schal.

Kein schöner Anlass, etwas zu verschenken, wenn jemand krank ist. Aber natürlich soll das Geschenk den Genesungsprozess beschleunigen, und die Verpackung hebt schon bei der Übergabe die Stimmung

Nach der Prüfung

MATERIAL

- Standardmaterial (siehe Seite 9)
- 1 Schultüte
- irisierende Klarsichtfolie
- Messingdraht, 0,6 mm Durchmesser
- rote Feder und rotes Tüllband
- Geschenkpapier
- Geschenkband

1. Verzieren Sie eine Schultüte mit einer großen Materialmix-Schleife (siehe Seite 128): Schneiden Sie dafür die irisierende Klarsichtfolie in mehrere Streifen, legen diese zu mehreren Schlaufen und umwickeln sie am unteren Ende mit Messingdraht. Stecken Sie in die Mitte eine rote Feder.

2. Legen Sie nun rotes Tüllband ebenfalls zu Schlaufen und binden Sie es von unten an die Folie. Befestigen Sie die Schleife mit Messingdraht an der Schultüte.

3. Für die Füllung der Tüte verpacken Sie viele kleine Geschenke in Papier, umwickeln sie mit Geschenkband und stecken alles in die Tüte.

Zum Abschluss der Ausbildung winkt eine hübsche Belohnung in Form der Schultüte, mit der alles angefangen hat – vor wie vielen Jahren?

Herr und Frau Doktor

Material

- Standardmaterial (siehe Seite 9)
- 1 Bogen rotes Metallicpapier
- 1 Bogen blaues Metallicpapier
- 1 Bogen schwarzer Fotokarton
- schwarze Wolle
- Messingdraht, 0,6 mm Durchmesser

1. Die Geschenke in rotes und blaues Metallicpapier einpacken.

2. Für den Doktorhut ein 28 x 28 cm großes Stück Fotokarton zuschneiden und die Ecken auf den Mittelpunkt falten. Einen Kreis (Durchmesser 3,5 cm) aus dem Fotokarton ausschneiden und auf die Mitte kleben. Dann einen 42 cm langen Streifen Fotokarton an den Enden zusammenkleben und von unten an dem „Hutdeckel" befestigen.

3. Für die Bommel 20 Wollfäden von 7 cm Länge zuschneiden und am oberen Ende mit Messingdraht abbinden. Dabei vier 20 cm lange Fäden für den Aufhänger mit eindrehen. Die Fäden mit doppelseitigem Klebeband umwickeln und oben zwischen eine Falte des Hutdeckels schieben. Zum Schluss den „Doktorhut" mit Kontaktkleber befestigen.

Die Erleichterung ist groß nach bestandener Dissertation. Und die Freude ist noch größer, wenn es so ein hübsches Geschenk dazu gibt

Für kühle Rechner

MATERIAL
- Standardmaterial (siehe Seite 9)
- feste Pappe, etwa doppelt so lang und dreimal so breit wie der zu verpackende Taschenrechner
- Lackpapier, etwa 5 cm breiter als die Pappe und etwas mehr als doppelt so lang
- 1 Taschenrechner
- 1 langer Streifen Lackpapier
- Kringelband

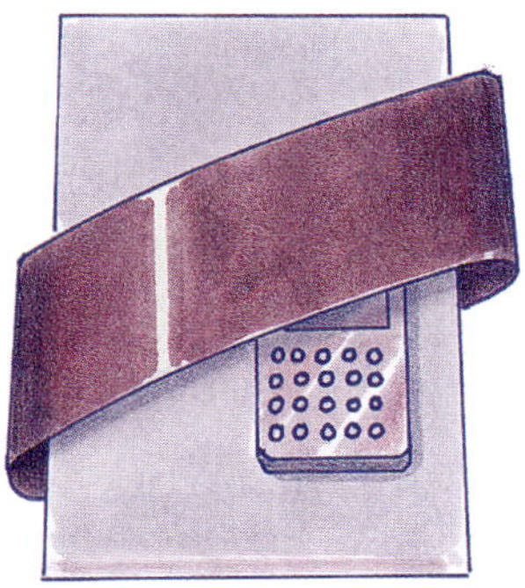

1. Legen Sie die Pappe auf das Lackpapier, ziehen Sie dessen Längsseiten straff darüber und kleben es fest. Knicken Sie den unteren Papierrand über die Pappe und fixieren Sie ihn darauf. Falzen Sie den hinteren Bogenteil 1 cm nach innen, klappen Sie ihn dann nach vorn über den unteren Papierrand und befestigen ihn darauf mit doppelseitigem Klebeband.

2. Legen Sie den Taschenrechner auf die glatte Seite der Pappe. Markieren Sie oben rechts und links vom Rechner zwei Punkte und durchstechen Sie dort die Pappe mit dem Bleistift.

3. Ziehen Sie das Kringelband durch die Löcher und verknoten Sie es auf der Rückseite der Pappe.

4. Knicken Sie die Längsseiten des Papierstreifens nach innen und fixieren Sie die Enden auf der Rückseite der Pappe mit doppelseitigem Klebeband.

Zum Berufsstart für kühle Rechner kann ein Taschenrechner eine gute Hilfe sein. Für jemanden, der in die Selbstständigkeit startet, ist er doppelt wichtig – die Buchhaltung muss stimmen

Zur Führerscheinprüfung

Paket im Stadtplan

Material

- Standardmaterial (siehe Seite 9)
- 1 Bogen Geschenkpapier mit Stadtplan
- 2 rote Seidenservietten
- grünes Geschenkband

1. Das Geschenkpapier zuschneiden. An der Verschlussseite etwa 1 cm breit einknicken und ein Stück doppelseitiges Klebeband an der inneren Kante befestigen.

2. Das Geschenk so auf das Papier legen, dass die Papierkante bündig mit der Geschenkkante abschließt. Die überstehenden Seitenteile an den verlängerten Geschenkkanten falzen. Nun die offenen Seiten zweimal schmal umschlagen.

3. Zwei Seidenservietten übereinander legen, hochnehmen und mit Geschenkband am unteren Ende abwickeln, sodass eine „Nelke" entsteht.

4. Zum Schluss die Nelke mit doppelseitigem Klebeband vorsichtig auf dem Päckchen befestigen.

Im Halteverbot

Material

- Standardmaterial (siehe Seite 9)
- 1 Bogen Geschenkpapier
- 1 Tüte für ein Strafmandat
- Kringelband
- Lochbandrest

1. Das Geschenk in das Papier einschlagen und in die Tüte für ein Strafmandat stecken.

2. Anschließend mit Kringelband einen 8 cm langen Lochbandstreifen in der Mitte abbinden und mit den langen Bandenden die Tüte oben zusammenbinden.

3. Das Kringelband kräuseln.

Tipp

Wenn Sie keine Tüte für ein Strafmandat bekommen, nehmen Sie einfache Plastikfolie zum Verpacken und malen mit Filzstift ein Halteverbotschild darauf.

Über diese Verpackungsideen freut sich besonders jemand, der gerade die Führerscheinprüfung bestanden hat. Mit Stadtplan und Warndreieck kann eigentlich nichts mehr schief gehen

Kindergeburtstag

MATERIAL

- Standardmaterial (siehe Seite 9)
- 1 Karton, dessen Abmessungen der Größe des Geschenks entsprechen
- Seidenpapier oder durchsichtige Folie zum Auskleiden des Kartons
- 1 Stofftier
- Band, 7 cm breit, das über den Deckel gelegt wird
- 3 Stücke Tüll zu je 30 cm, 15 cm breit
- Kringelband oder Garn

1. Kleiden Sie den Karton mit Seidenpapier oder Folie aus – hier soll es wie ein Flussbett aussehen – und stellen Sie das Stofftier hinein.

2. Legen Sie über die Breite des Deckels das Geschenkband und befestigen es an beiden Rändern an der Innenseite des Deckels mit doppelseitigem Klebeband.

3. Binden Sie an der Außenseite des Deckels die Tüllstücke mit Kringelband oder Garn fest und legen ihn auf den Karton.

Zum Kindergeburtstag hat sich das Plüsch-Nilpferd in einem bunten Urwaldkarton versteckt. Mal sehen, ob es da von allein wieder herauskommt. Der Karton kann später als Spielkiste verwendet werden

Ein Bär für den Schmusebär

Material
- Standardmaterial (siehe Seite 9)
- 1 Karton (entsprechend der Größe des Bären)
- Band (10 cm breit), mit dem der Karton verschlossen wird
- Kringelband
- 2 Stücke Band, je 50 cm lang, 7 cm breit

1. Setzen Sie den Bären so in den Karton, dass zumindest der Kopf herausschaut.

2. Legen Sie dann den Deckel zu etwa $^2/_3$ über den Karton. Darüber schlingen Sie das längere Band, verknoten es mit Kringelband und befestigen darauf eine gelegte Schleife (Bandenden überkreuzen und in der Mitte zusammenraffen).

3. Verknoten Sie eine zweite gelegte Schleife mit einem langen Stück Kringelband, das Sie um den Hals des Bären binden.

Für einen Schmusebär gibt es hier einen kleinen Bären als Geschenk, damit er nicht mehr so alleine ist. Der Bär wird in einem nostalgischen Karton verstaut und mit einer Schleife geschmückt

Runder Geburtstag

Hemd

Material
- Standardmaterial (siehe Seite 9)
- 2 Bogen verschiedenfarbiges Metallicpapier
- 1 Bogen Geschenkpapier

1. Ein Stück Metallicpapier von der Mitte aus auf beiden Seiten in stufenförmige Falten legen und mit doppelseitigem Klebeband auf dem Präsent anbringen, das vorher in das Geschenkpapier eingepackt wurde.

2. Einen schmalen Streifen Metallicpapier zu einem Kragen legen und an einem Ende des im Schritt zuvor gefalteten Metallicpapiers befestigen.

3. Eine Krawattenform aus Metallicpapier ausschneiden und ebenfalls auf dem Kragen befestigen.

Päckchen mit Zahl

Material
- Standardmaterial (siehe Seite 9)
- 1 Bogen Geschenkpapier
- Geschenkband
- 1 goldene Prägezahl

1. Zuerst das Geschenk in das Papier einwickeln.

2. Ein quadratisches Stück Geschenkpapier wie eine Ziehharmonika falten, in der Mitte mit Geschenkband zusammenfassen und die Seitenflügel öffnen.

3. Den Fächer mit doppelseitigem Klebeband auf dem Päckchen befestigen und die Prägezahl aufkleben.

Ein runder Geburtstag steht ins Haus. Da sollen es doch besondere Geschenke sein. Vielleicht ein neues Hemd? Zumindest die Verpackung lässt darauf schließen. Und was steckt in dem Päckchen mit der Zahl?

Zum Muttertag

Biedermeiersträußchen

MATERIAL

- Standardmaterial (siehe Seite 9)
- 1 kleine runde Dose
- 1 Bogen rotes Geschenkpapier
- rotes Geschenkband
- Zierginster und 1 Spiegelherz
- goldenes Kringelband
- 1 Biedermeiermanschette
- Blumendraht, Nadel, Seitenschneider

1. Eine kleine runde Dose in rotes Geschenkpapier wickeln. Aus rotem Geschenkband 2 Rosen nach der Anleitung auf Seite 116 herstellen.

2. Dann einen Fächer aus einem circa 10 x 10 cm großen Stück Geschenkpapier falten (Anleitung siehe Seite 120).

3. Nun Rosen, Zierginster, Spiegel, Fächer und 15 cm goldenes Kringelband durch die Öffnung der Biedermeiermanschette stecken und unten mit Draht zusammenbinden. Das Kringelband mit einer Nadel in schmale Streifen reißen.

4. Den überstehenden Draht mit einem Seitenschneider abkneifen und das Sträußchen auf der Dose mit doppelseitigem Klebeband befestigen.

Herzpäckchen

MATERIAL

- Standardmaterial (siehe Seite 9)
- schwarzer Fotokarton
- Klebefolie mit Goldflimmer
- 1 kleine Schachtel für das Geschenk
- ein Rest rotes Geschenkpapier
- rotes Tüllband mit weißen Punkten
- grünes Kringelband
- Nadel

1. Schneiden Sie aus Fotokarton ein Herz aus und beziehen Sie es mit Klebefolie.

2. Nun wickeln Sie eine kleine Schachtel mit dem Geschenk in rotes Geschenkpapier ein und verschnüren sie mit Tüllband. Die Schachtel mit doppelseitigem Klebeband auf das Herz kleben.

3. Binden Sie eine klassische Schleife aus Tüll (Anleitung siehe Seite 122) und umwickeln Sie sie mit grünem Kringelband. Das Band mit einer Nadel in dünne Streifen reißen und die Schleife mit doppelseitigem Klebeband auf dem Päckchen anbringen.

Zu Mutters Ehrentag gibt es ein selbst gebasteltes Biedermeiersträußchen, das ewig hält, und ein wunderschönes Geschenk in Herzform

Ein Abschiedsbrief

Wenn man einem geliebten Menschen „Lebewohl" sagen muss, ist dies kein besonders angenehmer Anlass. Der Kummer kann mit einer liebevollen Verpackung ein wenig geschmälert werden, zumindest aber bleiben der Mensch und dieser Brief unvergesslich.

MATERIAL

- Standardmaterial (siehe Seite 9)
- feste Pappe, 23 x 30 cm
- Lackpapier, 40 x 50 cm und 34 x 37 cm
- mehrere Stücke Tüll, je 10 cm lang, 10 cm breit

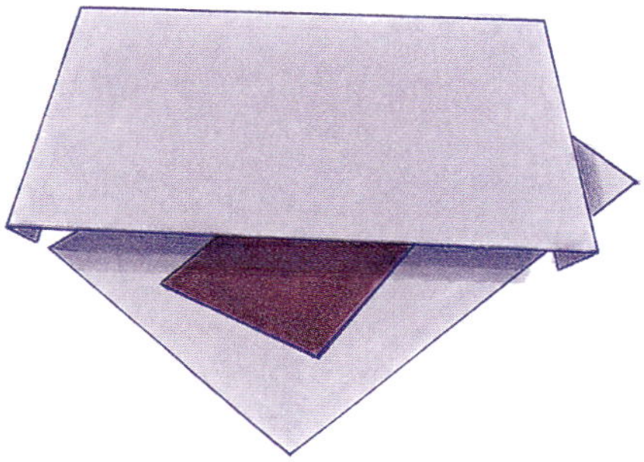

1. Beziehen Sie die Pappe mit dem größeren Bogen Lackpapier und legen Sie den zweiten Bogen schräg darüber, sodass der Brief zur Hälfte hineingesteckt werden kann.

2. Knicken Sie die linke und die rechte Papierkante nach innen, aber nicht festkleben. Falten Sie den oben überstehenden Rand und das kleine untere Dreieck zur Rückseite der Pappe und befestigen Sie die Papierränder mit doppelseitigem Klebeband.

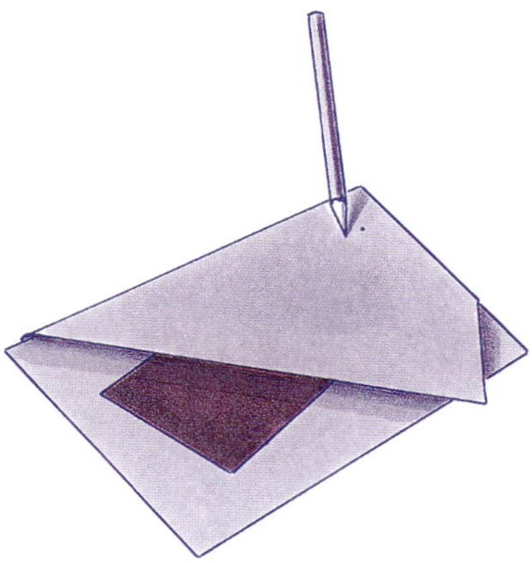

3. Stechen Sie in die linke obere Ecke zwei kleine Löcher für den Tüll.

Geschenke dekorieren

Eine Rose aus Band, eine Nelke aus Tüll, hübsch gestaltete Geschenkkarten oder -anhänger oder verschiedenartig gebundene Schleifen – ohne diese und andere vielfältigen Accessoires wäre ein noch so schön verpacktes Geschenk ziemlich ausdruckslos. Mit einem Seidenfächer oder einer lustigen Igelschleife dekoriert, gewinnt jedes Geschenk, und das Schenken macht nochmal so viel Spaß.

Eine Rose aus Taft

MATERIAL
- Standardmaterial (siehe Seite 9)
- Taft, 1 m lang, 10 cm breit
- Kringelband

1. Wickeln Sie ein Ende des Taftbandes diagonal straff zusammen, sodass ein 10 bis 15 cm langer Stiel entsteht.

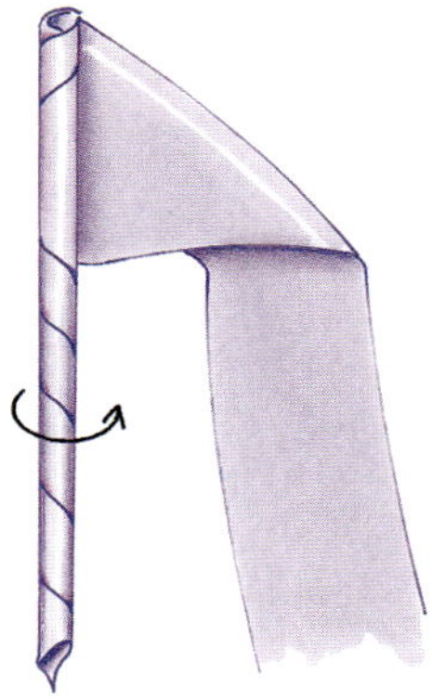

2. Lassen Sie das lange Bandende nach hinten abknicken. Dabei entsteht eine dreieckige Fläche.

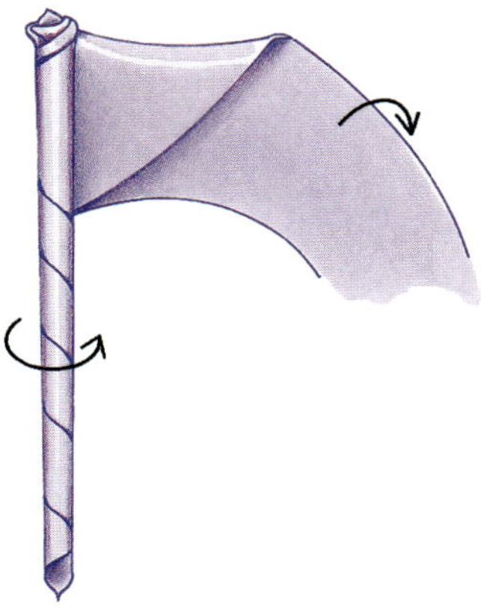

3. Jetzt müssen Sie den Stiel bis kurz vor das Ende des Dreiecks weiterdrehen. Dadurch bildet sich die Rosenknospe heraus.

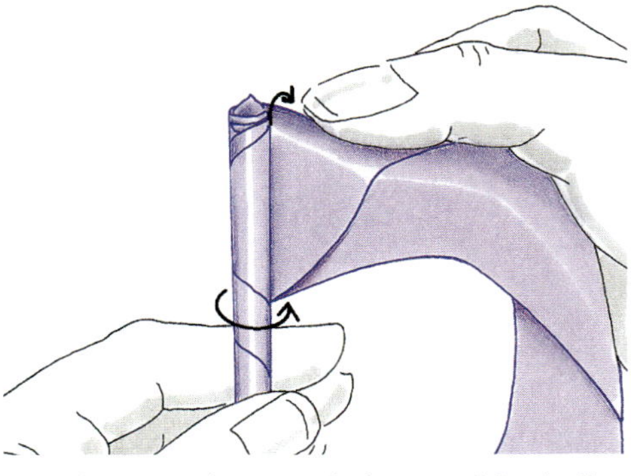

4. Falten Sie das Band oben auf die halbe Breite nach hinten und winden Sie es einmal um sich selbst. Legen Sie das so entstandene Blütenblatt waagerecht an der Knospe an. Gleichzeitig halten Sie den Stiel fest und drehen ihn etwa eine halbe Umdrehung gegen den Uhrzeigersinn weiter.

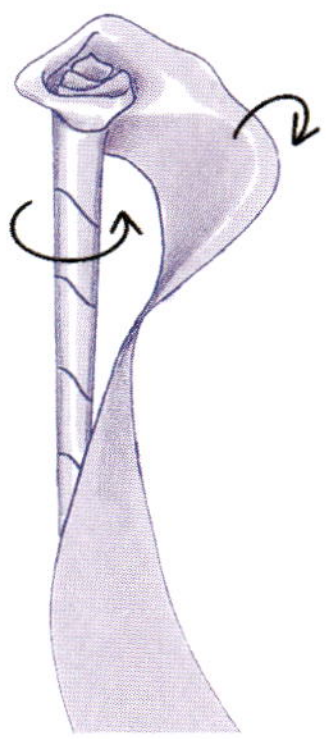

5. Winden Sie das Band erneut einmal um sich selbst und legen Sie das Blütenblatt waagerecht an der Knospe an. Drehen Sie gleichzeitig den Stiel weiter entgegen dem Uhrzeigersinn.

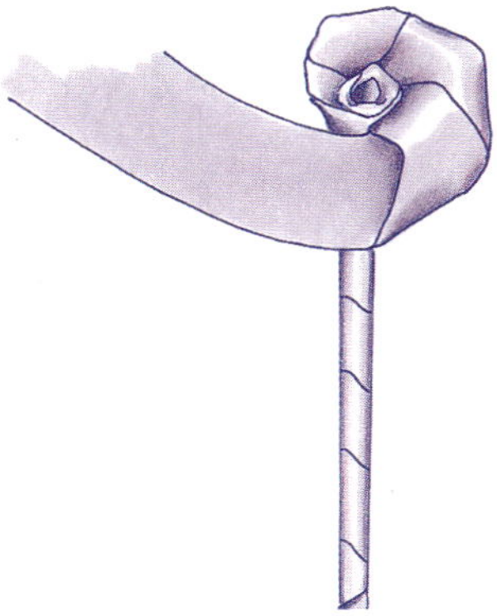

6. Wiederholen Sie die Vorgänge und winden Sie dabei das Band in immer breiteren Abständen um sich selbst, damit die Rosenblätter nach außen hin größer werden.

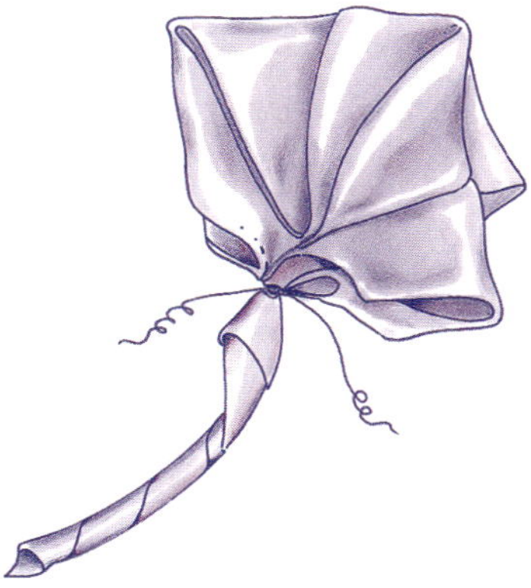

7. Wenn das Bandende erreicht ist, wird es unterhalb der Blüte mit Kringelband zusammengeknotet.

Diese Rose erfordert etwas Geduld und Fingerfertigkeit, aber das Ergebnis ist umso schöner

Geschenkanhänger

Klappkarten

MATERIAL
- Standardmaterial (siehe Seite 9)
- Tonpapier
- Geschenkpapier
- Sprühkleber
- Accessoires (Federn, Strasssteine, Klebeherzen usw.)
- Abreibebuchstaben
- Kugelschreiber
- Nähnadel
- Silberkordel

1. Aus Tonpapier ein Rechteck, 5 x 7 cm, und aus Geschenkpapier ein 6 x 8 cm großes Rechteck mit den Maßen.

2. Dann das Tonpapier gleichmäßig mit Sprühkleber anfeuchten und glatt auf die Rückseite des Geschenkpapiers streichen. Die Kanten zurückschneiden.

3. Die Karte waagerecht legen und in der Mitte zusammenklappen.

4. Die Vorderseite der Klappkarte ganz nach Belieben mit Federn, Strasssteinen und Klebeherzen verzieren. Sehr dekorativ sieht auch ein aus Geschenkpapier gefalteter Minifächer aus, der in der Mitte von drei Schmuckbeeren mit Drahtstiel zusammengehalten wird.

5. Anschließend auf der rechten Innenseite mit Abreibebuchstaben Glückwünsche anbringen. Dazu die Buchstaben einzeln auflegen und mit Kugelschreiber durchdrücken.

6. Die Karte am oberen Ende des Knicks mit einer Nähnadel durchstechen und durch das Loch eine etwa 20 cm lange Silberkordel ziehen. Die Kordelenden miteinander verknoten.

Herzen

MATERIAL
- Standardmaterial (siehe Seite 9)
- Tonpapier
- Geschenkpapier
- Abreibebuchstaben
- Sprühkleber
- Accessoires (Malglimmer, Strasssteine, Zierblätter, Klebeherzen usw.)
- Silberkordel

1. Ein kleines Herz aus Tonpapier schneiden.

2. Das Herz beidseitig mit Geschenkpapier beziehen.

3. Mit Abreibebuchstaben auf die Vorder- oder Rückseite den Namen des Empfängers anbringen und das Herz mit Malglimmer, Strasssteinen, Klebeherzen und Zierblättern oder anderen kleinen Accessoires nach Wahl dekorieren.

4. Das Herz an einer Silberkordel am Geschenk befestigen. Eventuell an der Kordel eine farblich passende Schleife anbringen.

Klappkarten und kleine Herzen als Geschenkanhänger sind schnell nachgearbeitet

Fächer

1. Falten Sie ein quadratisches Blatt Geschenkpapier wie eine Ziehharmonika.

2. Fixieren Sie die Faltung in der Mitte und an den inneren Kanten mit doppelseitigem Klebeband.

3. Ziehen Sie den Fächer auf beiden Seiten auseinander und kleben Sie ihn an die untere Längskante der Verpackung.

Material

- Standardmaterial (siehe Seite 9)
- Geschenkpapier

für Variation 2

- Tacker
- Klebesternchen

Variation 1

Ein spitzer Fächer entsteht, wenn man ein Dreieck wie eine Ziehharmonika faltet, an der Faltkante nach innen knickt und mit doppelseitigem Klebeband fixiert.

Variation 2

Einen zusammengeklappten Fächer am oberen Ende auf einer Länge von 2 cm zusammentackern. Den Fächer öffnen, mit Klebeband auf der Verpackung anbringen und mit Klebesternchen verzieren.

Fächer sind sehr dekorativ. Hier stellen wir zwei verschiedene Variationen vor

Schleifen

Schleifen sind die – früher sehr beliebten – Klassiker der Geschenkdekoration. Doch sie sind noch lange nicht unmodern. Auf den folgenden Seiten stellen wir Ihnen verschiedene attraktive Ausführungen vor.

MATERIAL FÜR ALLE SCHLEIFEN
- Standardmaterial (siehe Seite 9)
- Schleifenband

Klassische Schleife

ZUSÄTZLICHES MATERIAL
- Garn

1. Ein Stück Schleifenband zu zwei Schlaufen legen.

2. Die Schleife in der Mitte zusammenhalten. Mit dem langen Bandende eine weitere Schlaufe links unten sowie eine Schlaufe rechts oben legen.

3. Die Schleife in der Mitte mit Garn zusammenbinden.

4. Um den Knoten ein auf die halbe Breite gefaltetes Stück Schleifenband schlingen und dieses auf der Rückseite festbinden.

5. Zum Schluss die offenen Schleifenenden auf Schlaufenlänge kürzen.

Gebundene Schleife

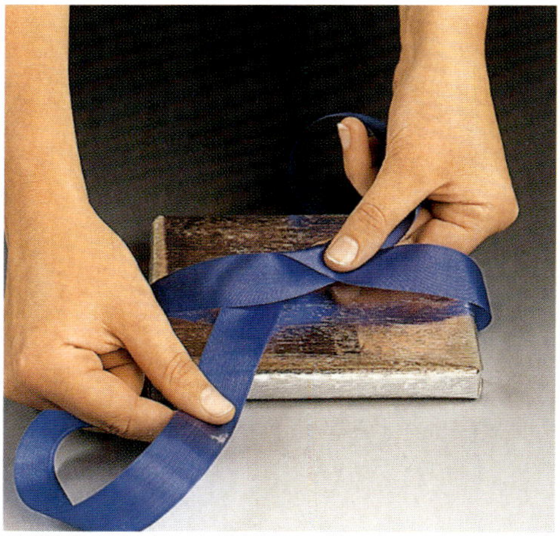

1. Die Bänder einmal umeinander schlingen.

2. Das linke Bandende nach rechts zur Schlaufe legen. Das rechte Ende darüber schlagen und unter dem Knoten durchschieben.

3. Nun das rechte Bandende zur Schlaufe legen und durch den entstandenen Ring nach links stecken. Die Schleife festziehen.

TIPP

Die gebundene Schleife wird direkt im Anschluss an die Geschenkverschnürung gefertigt. Sie müssen dafür vorher circa 40 cm Band für die Schleife zugeben.

Blumenschleife

ZUSÄTZLICHES MATERIAL

- Kordel

TIPP

Wenn Sie einige Schlaufen von oben schräg einschneiden und die entstandenen Spitzen nach außen biegen, erhält die Blume kleine Blätter.

1. Ein etwa 1, 50 m langes Stück Schleifenband kreisförmig aufwickeln.

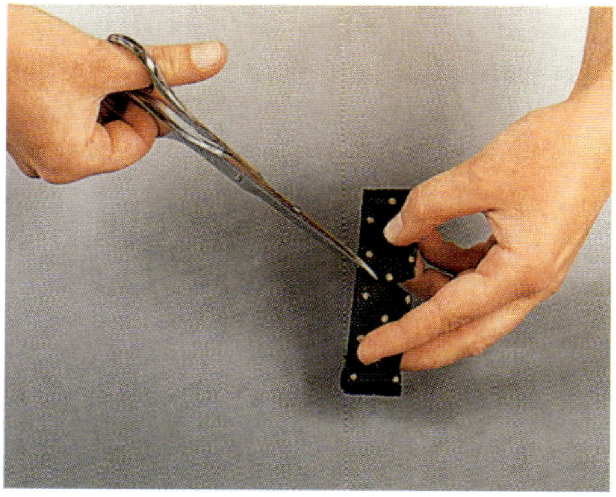

2. Die Rolle zusammendrücken und in der Mitte auf beiden Seiten spitz einschneiden.

3. Mit einer Kordel die Rolle in der Mitte fest zusammenbinden. Danach die Schleifen von innen herausziehen und diese abwechselnd nach vorn und hinten drehen. Zum Schluss die Schleife in Form drücken.

Materialmix-Schleifen

ZUSÄTZLICHES MATERIAL
- Blumendraht

1. Bestimmen Sie zunächst die Grundfarbe Ihrer Schleife und stellen Sie danach die Bänder zusammen. In Material und Breite dürfen die Bänder ruhig in Kontrast zueinander stehen. Breites Lochband lässt sich gut mit schmaler Zierkordel kombinieren und zartes Tüllband verträgt sich ohne weiteres mit kräftigem Metallicband.

2. Fertigen Sie verschiedene Schleifen an – es können alle in diesem Buch vorgestellten Bindetechniken verwendet werden – und binden Sie sie mit Blumendraht zusammen. Auch ungewöhnliche Materialien wie Federn oder Seidenblumen können eingearbeitet werden.

3. Zum Schluss arbeiten Sie einen ausdruckstarken Mittelpunkt heraus, zum Beispiel durch eine Papierrose oder einen Federbusch.

Diese üppigen Dekorationsschleifen bestehen aus verschiedenen Einzelschleifen, die zu einer großen zusammengebunden werden